# TORCHE BRILLANTE

Volume 19 – Série 1

## LE MYSTERE DE L'EGLISE

## Avant-propos

Miséricorde insondable ! Dieu étend sa grâce sur toutes les nations pour accomplir la promesse faite à Abraham : « Toutes les nations seront bénies en toi et en ta descendance ». Ge. 12 :3

Dès lors, le mystère de l'Eglise est annoncé, l'Eglise universelle, déjà à l'état embryonnaire, est établie. Le rachat de toute la planète est conclu. Ce mystère sera dévoilé complètement à la fin des temps et dans l'éternité. 1Pi.1 :20

Dieu vous comprend dans son plan. Venez et entrez dans le cadre de ce mystère.

Pasteur Renaut Pierre-Louis

## Leçon 1
## Prédiction d'une Eglise universelle

**Textes pour la préparation** : Ge.12 :1-5 ; Es. 42 :4 ; Lu.9 :23-26 ; Ga.3 :16
**Texte à lire en classe** : Ge.12 : 1-5
**Verset à mémoriser** : Puis il dit à tous : Si quelqu'un veut venir après moi, qu'il renonce à lui-même, qu'il se charge chaque jour de sa croix, et qu'il me suive.Lu.9 :23
**Méthodes** : Discours, comparaisons, questions
**But** : Montrer que le plan de Dieu pour sauver l'homme reste invariable.

### Introduction
Depuis le jour où l'Eternel Dieu ordonna à Abram de quitter son pays, le plan de rédemption de l'humanité était réitéré.

### I. Comment décrire ce plan ?
1. Dieu s'adresse à Abram, un païen babylonien, adorateur des idoles. Maintenant, il va adorer l'Eternel, le seul vrai Dieu. Ge.12 :1-3
2. Il l'invite à se conformer au même principe néotestamentaire pour la conversion. Lu. 9 :23
   a. Il doit renoncer à la maison de son père, c'est-à-dire, à ses préférences et à ses attaches familiales. Ge.12 :1
   b. Il doit renoncer à son pays, c'est-à-dire à ses dieux et à sa culture. Ge.12 :1

      c. Il doit renoncer à sa patrie, c'est-à-dire à sa citoyenneté babylonienne et aux privilèges consécutifs.
      d. Il doit dépendre totalement du Dieu qui lui dit : « Vas ». Ge.12 :1
      e. Il ne pourra s'arrêter en chemin tant que ce Dieu ne lui indique le point d'arrêt. C'était pour l'éloigner du monde corrompu et le diriger vers l'adoration de l'Eternel seul. Ge.12 :1

## II. Quelles sont bénédictions divines rattachées à ce plan ?

Dieu fera de lui une grande nation. Ge.12 :2
1. Il le bénira.
2. Il rendra son nom grand.
3. Il sera une source de bénédiction.
4. Dieu bénira tous ceux qui le béniront.
5. Il maudira tous ceux qui le maudiront.
6. Tous les habitants de la planète seront bénis seulement à travers Abraham. Ge. 12 :3
Les îles, c'est-à-dire tous les continents espèreront en Christ, descendant spirituel d'Abraham. Es.42 :4 ; Ga.3 :16

## Conclusion

Le plan d'une Eglise universelle était ainsi formulé. Voulez-vous en faire partie ? Comme Abraham, Ayez foi en Dieu.

## Questions

1. Quand le plan de rédemption de l'humanité était-il réitéré ? A l'appel d'Abraham

2. Comment décrire ce plan ?
    a. Dieu appelle Abram, un païen babylonien.
    b. Il se révèle à lui comme le seul vrai Dieu.
    c. Il l'amène à la conversion.

3. Quelles sont les bénédictions divines rattachées à ce plan ?
    a. Il fera de lui une grande nation.
    b. Il le bénira.
    c. Il rendra son nom grand.
    d. Il sera une source de bénédiction.
    e. Dieu bénira tous ceux qui le béniront.
    f. Il maudira tous ceux qui le maudiront.
    g. Tous les habitants de la planète seront bénis à travers Abraham.

4. Quelle est la condition implicite à ces promesses ? Qu'Abram ait la foi en Dieu seul

5. Que pouvons-nous voir dans ce plan ? L'établissement de l'Eglise universelle.

## Leçon 2
## Le mystère de l'Eglise à travers Jésus-Christ

**Textes pour la préparation** : Ge.17 :5 ; 32 :28 ; 35 :22-26 ; 1S. 8 :6-7 ; Es.49 : 6 ; Ez.37 :15-20 ; Mt.11 :28 ; 16 :18 Jn.3 :16 ; Ga.3 :16 ; Ep.2 :8 ; 1Pi.1 : 18-19

**Texte à lire en classe** : Mt.16 :13-20

**Verset à mémoriser** : Et moi, je te dis que tu es Pierre, et que sur cette pierre je bâtirai mon Église, et que les portes du séjour des morts ne prévaudront point contre elle. Mt. 16 :18

**Méthodes** : Discours, comparaisons, questions

**But** : Présenter le processus de la fondation de l'Eglise universelle.

### Introduction
Tandis que Satan domine le monde entier, comment Dieu va t'il dévoiler le mystère de l'Eglise au milieu des nations idolâtres ?

### I. Il procède par la conversion des âmes.
1. Il choisit Abram, un Chaldéen et **changea son nom** d'Abram ou père élevé en celui d'Abraham ou **père des peuples**. Par Sara, il eut Isaac, le père de Jacob dont Dieu **changea le nom** en Israël ou ami de Dieu. Ge.17 :5 ; 32 :28
2. Les douze fils de Jacob formèrent alors les douze tribus d'Israël. Ge.35 :22-26

3. Leur rôle était de faire connaitre le vrai Dieu aux païens. Esa. 49 :6
   a. Pourtant Israël a rejeté l'Eternel, son roi, pour avoir un roi visible comme il en est chez les autres nations. 1Sam.8 :6-7
   b. Dieu l'a puni. Il envoie alors Jésus-Christ, un descendant d'Abraham, pour sauver le monde par grâce.
   Jn.3 :16 ; Ga. 3 :16 ; Ep.2 :8
4. Christ avait déclaré qu'il bâtira, non pas une synagogue mais son Eglise, c'est-à-dire l'Eglise universelle formée des juifs et des païens. Mt. 11 :28 ; 16 :18
5. Une parenthèse historique : Le prophète Ezéchiel annonçait la réunification de la maison d'Israël, c'est-à-dire la fusion des tribus de Juda et de Benjamin avec les dix tribus d'Israël longtemps divisées.
   Ez. 37 :15-20
6. Sur la croix du Calvaire, Jésus parapha, avec son sang, l'acte de rédemption pour **l'humanité entière.** Jn.3 :16 ; 1Pi.1 :18-19

**Conclusion**
Voilà le premier mystère de l'Eglise. Jésus qui vient réconcilier le monde avec lui-même depuis Abraham à Ur de Chaldée jusqu'à nous. Soyez certains d'être membres de cette Eglise universelle.

**Questions**

1. Comment Dieu va-t-il dévoilé le mystère de l'Eglise au milieu des païens ? Par la conversion des âmes

2. Donnez-en un exemple
   a. Il changea le nom d'Abram, père élevé en Abraham père des peuples.
   b. Il changea le nom de Jacob, menteur, supplanteur en Israël, ami de Dieu.
   c. Les douze fils de Jacob forment les douze tribus d'Israël dont la mission était de gagner les païens à l'Eternel.

3. Comment cette dispensation était-elle gérée ?
   a. Israël a fait forfait à sa mission.
   b. Il a voulu d'un roi visible pour le conduire.
   c. Il a rejeté systématiquement l'Eternel pour son roi.

4. Qui est venu remplacer Israël dans cette mission et comment ?
   a. Jésus-Christ.
   b. Il vient établir son Eglise pour le remplacer dans cette tâche.
   c. Sur la croix, Jésus-Christ parapha avec son sang l'acte de rédemption de l'humanité.

5. Quel est le premier mystère de l'Eglise ? La réconciliation du monde perdu avec Dieu à travers Jésus-Christ sur la croix du calvaire.

## Leçon 3
## Je bâtirai mon Eglise

**Textes pour la préparation** : Mt.5 :13-16 ; 11 : 28 ; 22 : 21 ; Ac.20 :28 ; 2Co.6 :14-17 ; He.2 :3 ; Ap.1 :5
**Texte à lire en classe** : 2Co.6 :14-18
**Verset à mémoriser** : Vous êtes la lumière du monde. Une ville située sur une montagne ne peut être cachée. Mt. 5 : 14
**Méthodes :** Discours, comparaisons, questions
**But :** Présenter l'Eglise de Christ comme séparée du monde

### Introduction
L'Eglise est un terme inconnu de l'Ancienne Alliance. Jésus l'a prononcé pour la première fois dans l'Evangile selon Saint Matthieu. Mt.16 :18
Essayons d'en extraire la signification.

### I. Sa définition.
Ce mot vient du grec Ek kaleo (appeler hors de). Ainsi, l'Eglise est **dans** le monde mais elle n'est pas **du** monde. Elle joue le rôle de sel et de lumière du monde. Mt. 5 :13-14

### II. Son origine.
1. Elle prend naissance à la croix du calvaire. Jésus l'a acquise au prix de son sang. Ac.20 :28
2. C'est un prix que ni les gouvernements, ni les milliardaires, ni Satan ne peuvent payer. Jésus

vient nous délivrer de nos péchés par son sang. Ap.1 :5b.
3. C'est pourquoi, la plus grave erreur est celle de négliger un si grand salut. He.2 : 3
4. Cette Eglise connait son ampleur par l'effusion du Saint Esprit au jour de la Pentecôte. Ac.2 : 1-4

### III. Sa formation :
1. Tous les appelés qui ont répondu à la voix du Seigneur. Mt. 11 :28
2. Tous ceux-là qui sont réellement régénérés et sauvés pour accompagner Christ à la recherche des âmes perdues. Mt.28 : 19-20

### IV. Sa mission
1. Elle doit briller comme une lumière dans le monde. Mt.5 : 16
2. Elle doit propager le message du salut. Mc.16 : 15-16
3. Les chrétiens doivent obéir à leur gouvernement, accomplir leurs devoirs civiques et politiques. Ainsi, ils doivent voter et payer les taxes dues à l'Etat. Cependant l'Eglise elle-même en tant qu'entité, est séparée de l'Etat. Mt.22 :21 ; 2Co.6 : 14-17

### Conclusion
Soyez libérés des rites et des cérémonies en acceptant Jésus-Christ comme votre Seigneur et Sauveur et devenez membres de l'Eglise universelle.

**Questions**

1. Quand le mot Eglise est-il entré dans le vocabulaire du Nouveau Testament ?
   Quand Jésus-Christ en a parlé.

2. Que veut dire Eglise ? Appelé hors de

3. Quand a-t-elle pris naissance ? A la croix du calvaire quand Jésus a signé l'acte de notre rédemption avec son sang.

4. Quand a-t-elle connu son ampleur ? Au jour de la Pentecôte grâce à l'effusion du Saint Esprit

5. Qui sont les membres de cette Eglise ?
   a. Ceux qui ont répondu à l'appel du Seigneur
   b. Tous les sauvés en compagnie de Jésus pour rechercher les âmes perdues.

6. Quelle est sa mission ?
   a. Agir comme la lumière du monde
   b. Représenter Jésus-Christ par son message.

## Leçon 4
## Je bâtirai mon Eglise (suite)

**Textes pour la préparation** : Mt.16 :18 ; 28 :20 ; Mc.16 :17 ; Jn. 10 :16 ; 17 :20 ; 1Co.3 :11 ; Ep.1 :4-6 ; 3 :9-10 ; Col.1 :18 ; 1Jn.3 :8
**Texte à lire en classe** : Col.1 :15-23
**Verset à mémoriser** : Il est la tête du corps de l'Église ; il est le commencement, le premier-né d'entre les morts, afin d'être en tout le premier. Col.1 : 18
**Méthodes :** Discours, comparaisons, questions
**But :** Faire ressortir les liens indissolubles de Christ avec son Eglise.

**Introduction**
Pour construire l'Eglise, les trois personnes divines manifestent leur coopération. Voyons les modalités de sa construction.

**I. D'abord sa conception**
1. Quand Christ dit « Je bâtirai mon Eglise » elle était déjà conçue et programmée avant la fondation du monde. Ephésiens 1 : 4
2. Elle était conçue pour célébrer la gloire de sa grâce. Ep.1 :5-6
3. Elle sera connue à travers l'Evangile, le mystère caché de toute éternité en Dieu. Ep.3 :9

    Cet Evangile est notre table garnie que Christ arrange en face de notre adversaire qui ne pourra la renverser. Mt. 16 :18 ; Ep.3 :10

4. Il utilisera son Eglise pour détruire les œuvres du Diable. Mc. 16 : 17 ; 1Jn.3 :8b
   Car Dieu nous a élus avant la fondation du monde, pour que nous soyons saints et irrépréhensibles devant lui, nous ayant prédestinés dans son amour à être ses enfants d'adoption par Jésus-Christ. Ep.1 :4-6
5. **Jésus est le fondement de l'Eglise**. 1Co.3 :11
6. **Il est aussi la tête du corps de l'Eglise**. Col.1 :18
   a. L'Eglise ne peut fonctionner sans Jésus-Christ qui est la tête.
   b. Le rôle de Jésus-Christ n'est pas explicable sans l'Eglise qui est son corps. L'établissement de l'Eglise explique sa présence constante sur la planète. Mt.28 :20 ; He.13 :20
   c. Il prie pour les brebis qui ne sont pas de son pâturage. Jn.17 :20
      Il nous envoie pour les chercher et les lui ramener. Jn.10 : 16

**Conclusion**

L'Eglise de Christ reste en permanente construction jusqu'au jour de son avènement. Associons-nous à lui dans ce travail continuel jusqu'à ce jour-là.

**Questions**

1. Qui sont les fondateurs de l'Eglise ? Les trois personnes divines.

2. Que devons-nous savoir de la conception de l'Eglise ?
    a. Elle était déjà conçue et programmée avant la fondation du monde.
    b. Elle était conçue pour célébrer la gloire de la grâce de Dieu.
    c. Elle sera gardée comme un mystère à être révélé en temps opportun.
    d. Elle défiera les forces du malin.

3. Qui seront les membres de cette Eglise ?
    a. Les élus avant la fondation du monde.
    b. Les gens prédestinés à être des enfants d'adoption par Jésus-Christ

4. Qui est le fondement et la tête de l'Eglise ? Jésus lui-même

5. Quel est le rapport de Christ avec son Eglise ?
    a. L'Eglise ne peut fonctionner sans Jésus.
    b. Le rôle de Jésus n'est pas explicable sans l'Eglise qui est son corps.

6. Comment fonctionne l'Eglise actuellement ? Elle reste en construction permanente jusqu'au jour de l'avènement de Jésus-Christ

## Leçon 5
## Je bâtirai mon Eglise (suite)

**Textes pour la préparation** : 1Co. 3 : 12 ; 12 : 1-11, 27-28 ; Ep.4 : 11-16 ; 5 :23
**Texte à lire en classe** : Ep. 4 :11-16
**Verset à mémoriser** : Et il a donné les uns comme apôtres, les autres comme prophètes, les autres comme évangélistes, les autres comme pasteurs et docteurs. Ep.4 :11
**Méthodes :** Discours, comparaisons, questions
**But :** Mettre en relief les différents ministères pour l'édification de l'Eglise.

### Introduction
En disant de Jésus qu'il est la tête et aussi le fondement de l'Eglise, où en sont donc les parties remarquables ? 1Co.3 :12 ; Ep.5 :23

**I. Jésus les a choisis.**

Soulignez ici le verbe « **donner** »

Et il **a donné** les uns comme apôtres, les autres comme prophètes, les autres comme Evangélistes, les autres comme pasteurs et docteurs. Ep.4 :11

**II. Voyons le rôle de chacun**
1. Les apôtres ou missionnaires sont appelés à implanter des Eglises.
2. Les prophètes ou prédicateurs doivent prêcher le message de la parole.

3. Les Evangélistes sont engagés à l'évangélisation pour gagner les âmes perdues.
4. Les pasteurs sont responsables de gérer le troupeau des âmes gagnées par les Evangélistes, les prédicateurs et les missionnaires.
5. Les docteurs en théologie enseignent dans les séminaires théologiques et les Ecoles bibliques. Ep.4 : 11

### III. Quel est le but final de ces rôles ?
1. Pour le perfectionnement des saints, c'est-à-dire pour former des ouvriers. Ep.4 :12
   a. En vue de l'œuvre du ministère
   b. En vue de l'édification du corps de Christ. Ep. 4 : 13
   c. En vue de la croissance et la maturité des chrétiens. Ep.4 :15
   d. En vue de l'unité des chrétiens et de leur affermissement. Ep.4 : 16

### IV. Les moyens de satisfaire ces rôles
Dieu nous accorde douze dons d'importance capitale dans la formation de l'Eglise qui est son corps et dont il est le sauveur.

1Co. 12 :1-11 ; 27-28 ; Ep.5 :23

### Conclusion
Que chaque croyant de l'Eglise joue son rôle avec intégrité grâce à l'harmonie assurée par le Saint Esprit. Le maitre de l'ouvrage viendra bientôt. Préparez-vous à recevoir votre récompense ou votre blâme.

**Questions**
1. Quels sont les ministres de l'Eglise ? Les apôtres, les prophètes, les évangélistes, les pasteurs et les docteurs.
2. Quel est le rôle de chacun ?
    a. Les apôtres ou missionnaires implantent des Eglises.
    b. Les prophètes ou prédicateurs prêchent le message de la parole.
    c. Les Evangélistes gagnent les âmes perdues.
    d. Les pasteurs gèrent le troupeau de Dieu.
    e. Les docteurs en théologie enseignent dans les séminaires théologiques et les Ecoles bibliques.
3. Quel est le but final de ces rôles ?
    a. Pour former des ouvriers en vue de l'œuvre du ministère.
    b. Pour l'édification du corps de Christ.
    c. Pour promouvoir la croissance et la maturité des chrétiens.
    d. Pour promouvoir l'unité des chrétiens et leur affermissement
4. Quels sont les moyens mis à notre disposition pour remplir ces rôles ?
   Dieu nous accorde des dons activés par le Saint-Esprit
5. Quelle est la motivation de Dieu pour nous encourager au travail. Il reviendra avec une récompense pour ceux qui en sont dignes.

## Leçon 6
## L'objection de Pierre, une ruse du malin

**Textes pour la préparation** : Mt. 16 :13-22 ; Lu.22 :31-34, 54-62 ;Jn.1 :40-42 ; 15 :3 ; 1Pi.1 :18-19
**Texte à lire en classe** : 1Co.3 :9-12
**Verset à mémoriser** : Car personne ne peut poser un autre fondement que celui qui a été posé, savoir Jésus Christ. 1Co.3 : 11
**Méthodes :** Discours, comparaisons, questions
**But :** Montrer que Jésus-Christ est le seul fondement de son Eglise

### Introduction
Si vous croyez qu'un diplôme de théologie peut garantir le succès dans le ministère, tâchez de voir l'apôtre Pierre.

### I. Il vous dirait
1. J'étais baptisé au nom de Jésus-Christ et enrôlé parmi ses premiers disciples. Jn.1 :40-42
2. Etudiant dans un cycle de trois ans dans son séminaire, j'en étais sorti lauréat avec mention honneur et mérite. Mt.16 : 13 -18
3. J'avais cru que le Seigneur allait bâtir son Eglise sur moi, *Petros.* Erreur capitale !
   Il l'a bâtie sur lui-même, *Petra* (le rocher immuable). Mt. 16 :18
4. Animé d'un esprit impur, j'ai même osé le réprimander quand il nous annonçait sa mort

prochaine. Il m'a répliqué vertement : « Arrière de moi Satan ». Mt. 16 : 21-22
  a. En effet, peu avant sa crucifixion, il m'a dit en pleine classe :
     « Pierre, Satan t'a réclamé pour te cribler « comme le froment. Mais j'ai prié pour « toi afin que ta foi ne défaille point.
     « Quand tu seras converti, tu affermiras « tes frères ». Lu.22 :31-34
  b. J'ai refusé de le croire parce que je comptais sur ma capacité. Lu.22 :33-34
  c. Pourtant je l'ai renié trois fois devant des inconvertis. Lu.22 : 54-62
  d. J'apprendrai plus tard que son Eglise n' est pas matérielle mais spirituelle.
     Elle est bâtie avec son sang. 1Pi.1 :18-19
  e. Nul ne pourra mener la vie chrétienne sans l'assistance de son Saint Esprit. Jn.15 :3

## Conclusion
Contribuez néanmoins pour bâtir un temple en son honneur. Mais lui seul bâtit son Eglise et cette Eglise c'est vous et moi contre qui Satan n'a aucun pouvoir. Mt. 16 : 18

## Questions
1. Quelles étaient les erreurs de l'apôtre Pierre sur les acquis du ministère ?
   a. Croire qu'un cycle de trois ans d'étude théologique garantit le succès dans le ministère.

    b. Croire que Christ allait bâtir son Eglise sur lui, le pauvre apôtre Pierre.
    c. Croire enfin qu'il était converti.

2. Quelle différence faites-vous entre Petros et Petra ?
    a. Petros est un caillou. Petra, le rocher.
    b. L'apôtre Pierre est un caillou et Christ le rocher.

3. Pierre était-il Satan quand Jésus l'avait chassé ? Pierre était seulement animé d'un esprit impur.

4. Que devait-il apprendre ?
    a. Que la force humaine est limitée.
    b. Nul ne pourra mener la vie chrétienne sans l'assistance du St Esprit.
    c. L'Eglise de Christ n'est pas du tout physique mais spirituelle.

5. Vrai ou faux
    a. Si je bâtis un temple pour Christ ici-bas, il doit m'accorder une place au ciel. __V __F
    b. Le ciel de Jésus est trop loin, il vaut mieux bâtir son ciel ici-bas avec de l'argent et les plaisirs. __V__ F
    c. Nul ne pourra mener la vie chrétienne sans l'assistance de son Saint Esprit. __ V__F
    d. Le ciel tout comme l'enfer n'existe pas, après la mort il n'y a rien. __ V __F

## Leçon 7
## Stratégie de Dieu pour l'établissement de l'Eglise

**Textes pour la préparation** : Mc.16 :15 ; Lu.4 : 18-19 ; 5 :20 ; 23 : 34 ; Jn.16 :13 ; Ac.1 :8 ; 2 :41 ; 6 :7
**Texte à lire en classe** : Ac. 1 :1-11
**Verset à mémoriser** : Mais vous recevrez une puissance, le Saint Esprit survenant sur vous, et vous serez mes témoins à Jérusalem, dans toute la Judée, dans la Samarie, et jusqu'aux extrémités de la terre. Ac.1 :8
**Méthodes :** Discours, comparaisons, questions
**But :** Montrer comment le Saint Esprit travaille à l'établissement de l'Eglise.

### Introduction
Jésus vient avec un projet de société qui étonne les juifs. Il se résume ainsi :

### I. L'Esprit du Seigneur l'a commissionné :
1. Pour guérir les cœurs brisés ;
2. Pour annoncer une bonne nouvelle aux pauvres
3. Pour proclamer aux captifs la liberté ;
4. Pour accorder la vue aux aveugles ;
5. Pour proclamer une année de grâce du Seigneur. Lu. 4 : 18-19

### II. L'Esprit du Seigneur l'a conditionné
1. Pour offrir aux pécheurs un pardon sans condition. Lu.5 :20
2. Pour proclamer une amnistie générale :

En effet, sur la croix du calvaire il offrit le pardon à tous les pécheurs présents et à venir. Lu.23 : 34
3. Pour envoyer les apôtres par tout le monde. Mc.16 :15 ; Ac.1 :8
   a. Ils doivent commencer par Jérusalem, puis dans toute la Judée. *Mission facile*.
   b. Ensuite, dans la Samarie. Là, il faut prêcher aux Samaritains, les ennemis jurés des juifs. *Mission difficile.*
   c. Enfin ils doivent franchir les mers pour aller et prêcher aux gens de nationalités, de langues et de cultures différentes. Ils vont affronter tous les obstacles caractérisés par la barrière de langue, de culture et des frais divers à supporter. **Mission impossible**.

## III. L'Esprit du Seigneur l'a approvisionné.

1. Avant d'engager les apôtres dans l'Evangélisation mondiale, il leur envoie le Saint Esprit. Sa puissance conduit à la conversion trois mille pèlerins venus de par le monde. Ac.2 : 41
2. Et même une foule de sacrificateurs abandonnent la Loi et le Sabbat pour accepter Jésus-Christ comme leur sauveur. Ac.6 :7

**Conclusion**

Ce même Esprit est toujours à l'œuvre pour nous conduire dans toute la vérité. Jn.16 : 13
Allez-vous lui obéir ?

**Questions**

1. Quel était le projet de société de Jésus-Christ ?
   a. Guérir les cœurs brisés ;
   b. Annoncer une bonne nouvelle aux pauvres,
   c. Proclamer aux captifs la liberté,
   d. Accorder la vue aux aveugles,
   e. Proclamer une année de grâce du Seigneur.

2. Pour quelle raison l'Esprit Saint l'a-t-il conditionné ?
   a. Pour offrir aux pécheurs un pardon sans condition.
   b. Pour proclamer une amnistie générale
   c. Pour envoyer des missionnaires à travers le monde

3. Prouvez que l'Esprit du Seigneur l'a approvisionné.
   a. Le Saint-Esprit anime les apôtres pour porter à la conversion des milliers d'âmes.
   b. Des sacrificateurs en très grand nombre obéissent à l'Evangile.

4. Rappelez le parcours prescrit pas Jésus-Christ pour une mission mondiale.
   Il leur faut partir de Jérusalem en Judée, puis en Samarie et enfin franchir les mers.

5. Actuellement quelle est notre Jérusalem à chacun ? Notre maison, notre environnement

## Leçon 8
## Les trois grands champions de cette entreprise

**Textes pour la préparation** : Lu. 9 :52-56; 22 : 47-52; Ac. 4 : 4-22 ; 5 :41 ; 8 : 1-3 ; 9 : 9-15 ; Ro.8 :39-40 ; 2Co.12 : 6-10 ; Ti.2 :1 ; Ap.1 :9-11 ; 13 :15-18

**Texte à lire en classe** : 2Co.12 :6-10

**Verset à mémoriser** : Mais le Seigneur lui dit : Vas, car cet homme est un instrument que j'ai choisi, pour porter mon nom devant les nations, devant les rois, et devant les fils d'Israël. Ac.9 :15

**Méthodes** : Discours, comparaisons, questions

**But** : Montrer comment Dieu peut choisir qui il veut pour son œuvre.

**Introduction**
Il est curieux de voir que Dieu emmagasine l'énergie de **certains hommes** pour l'investir dans une noble cause.

**I. Nous citons :**
1. **Pierre**, un homme primesautier :
   Il sauta l'oreille du serviteur du Souverain sacrificateur. Jésus a réparé son erreur dans l'immédiat. Lu.22 :50-51
2. **Paul,** un homme brutal.
   Il envahissait les maisons avec violence pour molester les chrétiens. Jésus l'a converti et l'a engagé à sa cause. Ac. 8 :3 ; 9 :15
3. **Jean,** un jeune impulsif
   Il sollicita le feu du ciel sur des gens pour un logement refusé. Jésus l'a blâmé. Lu.9 : 54-56

Et les voilà devenus les trois champions du Christianisme naissant.

II. **Voyons-les en détails**
   1. **D'abord l'apôtre Pierre**
      Il était heureux d'avoir été maltraité pour la cause de l'Evangile. Il gardait la foi malgré les pressions du Tribunal qui lui ordonnait d'abjurer. Ac.4 :19-20 ; 5 :41
   2. **Ensuite Paul**
      a. En dépit des épreuves diverses, il se complaisait dans ses souffrances pour Christ. 2Co.12 : 10
      b. Il écrivit neuf épitres aux Eglises et quatre épitres pastorales, véritables trésors pour le Christianisme.
   3. **Enfin Jean**
      Il contribua au salut des Samaritains que hier il voulut détruire. Il est l'auteur d'un Evangile, de trois épitres et de l'Apocalypse. Ap. 1 :9-11

IV. **Que serait le Nouveau Testament sans leurs écrits ?**
   **Assurément, des feuilletons à portée limitée.**
   Mais grâce à leur conviction chrétienne,
   1. La foi des saints est fortifiée.
   2. L'Eglise a une bonne base doctrinale. Ti.2 :1
   3. Elle s'agrandit par l'Evangélisation. Ac.4 :4
   4. Elle est protégée contre l'apostasie. Ro.8 : 39-40
   5. Elle est avertie sur les menées de Monsieur 666. Ap.13 : 15-18

## Conclusion

Ces hommes sont des piliers dans le temple du Seigneur. Que représentez-vous dans son Eglise ?

## Questions

1. Citez les points faibles de Pierre, de Jean et de Paul : Pierre était primesautier, Jean impulsif et Paul brutal.
2. Justifiez
    a. Pierre emporta l'oreille du serviteur du souverain sacrificateur.
    b. Paul entra dans les maisons pour fustiger les chrétiens.
    c. Jean réclama le feu du ciel sur les samaritains pour un logement refusé.
3. D'où vient leur réaction maladroite ? Aucun d'eux n'avait encore reçu le Saint Esprit.
4. Prouvez le changement dans la vie de Pierre.
   Il était heureux d'avoir été maltraité pour le nom de Jésus-Christ
5. Prouvez le changement dans la vie de Paul
   Il s'estimait heureux d'avoir à souffrir pour Christ.
6. Prouvez le changement dans la vie de Jean.
   Il s'associait à Philippe dans l'évangélisation des Samaritains que hier il voulut détruire.

## Leçon 9
## La curiosité provoquée par le mystère de l'Eglise.

**Textes pour la préparation** : Es. 7 :14 ; 53 : 5-10 ; Mich.5 :1; Ep.3:10; Col.1 :26; He. 1 :14; 1Pi.1 :1-14; Ap.12:12

**Texte à lire en classe** : 1Pi.1 :10-13

**Verset à mémoriser** :  C'est pourquoi réjouissez-vous, cieux, et vous qui habitez dans les cieux. Malheur à la terre et à la mer ! car le diable est descendu vers vous, animé d'une grande colère, sachant qu'il a peu de temps. Ap.12 :12

**Méthodes :** Discours, comparaisons, questions

**But :** Montrez que les chrétiens sont des privilégiés par rapport aux anges, aux prophètes et à Satan.

### Introduction
Le mystère de l'Eglise suscite des curieux. Qui sont-ils ?

### I. Ce sont d'abord les anges
1. Ils sont tous des esprits au service de Dieu. Leur rôle est d'exercer un ministère en faveur des chrétiens et de contribuer à la conversion des non-chrétiens. He.1 :14
2. Ils n'ont aucun droit de connaitre les détails sur notre salut. Voilà ce qui excite leur curiosité. 1Pi.1 :12b

### II. Ensuite les prophètes
1. Ils ont fait de ce mystère l'objet de leurs recherches. 1Pi.1 :10

2. Ils s'interrogent sur la grâce qui nous est réservée. 1Pi.1 :10
3. Ils voulaient sonder l'époque de la venue du Sauveur grâce à l'Esprit de Christ qui était en eux. 1Pi.1 :11
4. Malheureusement, il leur fut révélé que ce privilège n'était pas pour eux, mais pour nous. 1Pi.1 :12
   a. Ils savent que Christ naitra à Bethléem, d'une vierge, qu'il souffrira et qu'il mourra pour sauver les pécheurs. Voilà tout. Es. 7 :14 ; 53 : 5-10 ; Mi.5 :1

**III. Enfin Satan**
1. Il est victime d'un coup d'Etat ! Il connait trop tard le mystère caché de tout temps et dans tous les âges. Col.1 :26
2. Pour combler son retard, il est descendu vers nous avec une grande colère pour commettre des dégâts considérables.
   a. Par la guerre biologique,
   b. Par l'immoralité légalisée,
   c. Par le racisme à outrance. Ap.12 :12b
3. Les autorités et les dominations dans les lieux célestes sauront trop tard qu'elles ne pourront prévaloir sur l'Eglise. Ep.3 :10

**Conclusion**
Eglise, c'est vous ce mystère ! Gardons la foi au Seigneur et hâtons son avènement par l'Evangélisation.

**Questions**

1. Citez trois entités désireuses de connaitre le mystère de l'Eglise : Les anges, les prophètes et Satan

2. Pourquoi les anges ?
   a. Ils sont tous des esprits au service de Dieu.
   b. Ils sont ici pour nous
   c. Dieu les empêche de connaitre les détails sur notre salut.

3. Pourquoi les prophètes ?
   a. Ils veulent savoir à notre sujet ce qui ne les regarde pas.
   b. Dieu le leur a fait savoir.

4. Pourquoi Satan ?
   Il connaitra trop tard le mystère de l'Eglise.

5. Qu'est-ce-que Satan a dû faire pour se rattraper
   a. Il allume une guerre biologique,
   b. Il institutionnalise l'immoralité
   c. Il développe le racisme à outrance.
   d. Il adopte la destruction massive sous toutes ses formes.

6. Que devons-nous faire dans ce cas ? Hâter l'avènement de notre Seigneur par l'Evangélisation.

## Leçon 10
## Le sort de l'Eglise universelle

**Textes pour la préparation** : Mt.28 :18-20 ; Jn. 14 :3 ; 20 :23 ; Ro.6 :4 ; 2Co.5 : 20 ; Ep. 1 :15-23 ; 2 :6 ; Col. 3 :3 ; 1Pi.4 :1 ; Ap. 22 :3 ; 20 :10
**Texte à lire en classe** : Ap.22 :1-7
**Verset à mémoriser** : Et, lorsque je m'en serai allé, et que je vous aurai préparé une place, je reviendrai, et je vous prendrai avec moi, afin que là où je suis vous y soyez aussi. Jn.14 :3
**Méthodes** : Discours, comparaisons, questions
**But** : Encourager les chrétiens à rester fidèles au Seigneur dans l'attente de son avènement.

### Introduction
Avant de parvenir à la gloire, l'Eglise universelle doit connaitre une période d'épreuves indispensables à sa qualification.

### I. D'abord par sa position sur la terre
1. Elle remplit le rôle d'ambassadrice de Jésus-Christ dans un monde perdu. 2Co.5 : 20
   Mais pour mieux le représenter et faire la publicité pour son royaume à venir, elle doit souffrir comme Christ. 1Pi. 4 :1
2. Jésus lui donne toute autorité en tant que fiancée et future épouse pour prendre des décisions qu'il ratifiera. Mt.28 :18-20 ; Jn.20 :23

## II. Sa position dans le ciel :
1. Cette position est acquise par la mort du chrétien avec Christ d'une mort volontaire. Il est maintenant ressuscité avec Christ pour mener une vie nouvelle. Ro.6 :4
2. Par relation, il est assis à la droite de Dieu, à côté de Jésus-Christ dans les lieux célestes, car sa vie est cachée avec Christ en Dieu. Mystérieux, mais vrai.
Jn.14 : 3 ; Ep.2 : 6 ; Col.3 :3

## III. Sa glorification. Ep. 1 : 15-23
1. Le Chrétien sera couronné de gloire avec Christ, son époux, aux noces de l'agneau dans la nouvelle Jérusalem. Ap.22 :3
2. Il recevra les louanges des anges et des archanges. Jn.14 :3 ; Ep. 1 :20-21
3. Entre temps, Satan sera jeté dans l'abime avec la mort, le séjour des morts, le faux prophète et ceux qui auront sur leur front la marque de la bête. Ap.19 :20 ; 20 :10

## Conclusion
Puisque tel est notre destin, je vous supplie, bien-aimé dans le Seigneur d'éviter toute distraction afin de répondre présent à l'appel de Dieu au dernier jour.

## Questions
1. Quelle est la première étape que l'Eglise doit franchir pour sa qualification ?

- a. Elle doit bien remplir son rôle d'ambassadeur de Jésus-Christ dans le monde.
- b. Elle doit représenter dignement son Seigneur devant le monde.
- c. Elle doit faire la publicité pour le royaume à venir.

2. Quelles sont ses ressources ?
   Jésus lui donne toute autorité pour prendre des décisions qu'il ratifie à l'avance.

3. Quand a-t-elle reçu ce pouvoir ?
   - a. Depuis le jour où le chrétien a décidé de mourir avec Christ d'une mort volontaire.
   - b. Depuis le jour où sa vie est cachée avec Christ en Dieu.

4. Comment sera-t-elle glorifiée ?
   Elle sera couronnée de gloire avec Christ, son époux, au jour des noces de l'agneau.

5. Où sera Satan à ce moment-là ?
   Il sera jeté dans le lieu de tourment.

6. Que nous recommande la Parole ? De prendre au sérieux notre salut en vue de répondre présent à l'appel au dernier jour.

## Leçon 11
### Dimanche des rameaux : Un ânon privilégié

**Textes pour la préparation** : Ps.100 :3 ; Mt. 21 :4-6 ; Mc.11 :4 ; Lu.19 :28-40 ; 1Co.2 :14 ; Ep.4 : 18-19 ; Col.1 :16 ; Ap.1 :8
**Texte à lire en classe** : Lu.19 :28-40
**Verset à mémoriser** : Il est avant toutes choses, et toutes choses subsistent en lui. Col.1 :17
**Méthodes :** Discours, comparaisons, questions
**But :** Montrer que Jésus peut maitriser toutes les forces de la nature.

### Introduction
Qui peut imaginer le choix d'un ânon indompté pour transporter le roi de l'Univers dans une cérémonie solennelle ? Pourtant Jésus l'a voulu ainsi. Comment va-t-il s'y prendre ?

### I. Le choix de l'ânon
Il l'a fait chercher d'auprès de ses maitres. Lu.19 :33

### II. Pourquoi ce choix ?
1. Afin que l'Ecriture fût accomplie. Mt.21 :4-6
2. Afin que Christ soit reconnu comme le créateur de l'ânon et de ses maitres. Ps. 100 : 3
3. Afin qu'il soit le premier en tout. Ap.1 :8

### III. Quelle est la situation de l'ânon ?
1. Il était indompté et têtu. Lu.19 :30-33

2. Ses maitres devaient l'attacher près de la porte pour le contrôler et diminuer les dégâts éventuels. Mc.11:4

IV. **Ce que l'ânon symbolise**

   C'est l'image de l'homme sans Christ dans sa vie. 1Co.2:14
   1. Il n'accepte aucun blâme. Il fait pire quand vous lui parlez. Ep.4:18-19
   2. Il n'a aucune retenue, aucune réserve. Il est cruel dans ses réponses et méchant dans son attitude.

V. **Quels sont les privilèges de l'ânon ?**
   1. Il est sélectionné par Jésus, le créateur des ânes et des bourriques. Dès lors, sa vie prend la bonne direction. Col.1:16
   2. Il est habillé pour la première fois et il va partager les gloires du Seigneur. Lu.19:35-36
   3. Avec Jésus, il va cesser de hennir en public et de donner des coups de pieds à tort et à travers. Il a trouvé son vrai maitre. Il est dompté !

**Conclusion**

Acceptez l'autorité de Jésus sur votre vie. On dira de vous : « Hier, petit ânon indompté, aujourd'hui limousine du Seigneur de gloire ».

## Questions

1. Quel était le véhicule utilisé par Jésus-Christ pour son entrée triomphale à Jérusalem ?
   Un ânon indompté

2. Pourquoi ?
   a. Afin que l'Ecriture fût accomplie.
   b. Afin que Jésus soit le premier à l'utiliser comme créateur de l'ânon et de ses maitres.

3. Que firent ses maitres pour le dominer ?
   Ils l'attachèrent près de la porte de la maison.

4. Que symbolise l'ânon ? L'homme naturel sans Christ

5. Quels furent les privilèges de cet ânon ?
   a. Il était sélectionné par son créateur.
   b. Il va partager les gloires de son créateur.
   c. Il va avoir un comportement digne en société

## Leçon 12
## Dimanche de la Pentecôte

Textes pour la préparation: Le.23 :11-16 ; Lu.22 :20 ; Jn. 1:17; 4:24 ; Ac.1 :8 ; Ro.6 :4 ; 12 :1-3 ; 2Co.5 :17 ; Ga.3 :24 ; 5 :18 ; Col.2 :16 ; He.10 : 10-14
**Texte à lire en classe** : Le. 23 : 9-16
**Verset à mémoriser** : Vous compterez cinquante jours jusqu'au lendemain du septième sabbat ; et vous ferez à l'Éternel une offrande nouvelle. Le. 23 :16
**Méthodes :** Discours, comparaisons, questions
**But :** Parler du secret de l'épanouissement de l'Eglise

**Introduction**
Est-il vrai que la Pentecôte préfigure l'avènement du Saint Esprit dans l'établissement de l'Eglise ? Voyons :

### I. Comment fut-elle célébrée dans l'Ancien Testament ?

1. Au lendemain du sabbat, après la Pâque, le peuple agitera des gerbes devant l'Eternel. Ce sont les prémices de ses récoltes. Le.23 :11
2. Ce jour-là, ils offriront aussi en holocauste à l'Eternel **un agneau d'un an sans défaut.** Le. 23 : 12
3. Le cinquantième jour après sept sabbats c'est le dimanche de la Pentecôte, **ils feront**

à l'Éternel une **offrande nouvelle**. Ce sera la fête de la moisson. Le.23 :16

II. Quelle est cette offrande nouvelle ?
C'est la **Nouvelle** Alliance dans le Sang de l'Agneau qu'on vient d'annoncer. Le sacrifice des animaux pour les péchés sera aboli. Lu.22 :20 ; He.10 :14
1. C'est la vie **nouvelle** des rachetés. 2Co.5 :17
2. C'est l'établissement d'une **Eglise nouvelle** avec une orientation **nouvelle** :
   **Cette moisson en question c'est l'Evangélisation pour le salut des âmes sous la poussée du Saint-Esprit.**
   Ac.1 :8 ; He.10 :10
3. **La nouvelle Pentecôte** c'est l'effusion du St Esprit sur toute chair. Ac. 2 :17-18
   a. On n'est plus sous la Loi.
      Ro.6 :4 ; Ga. 3 :24 ; 5 :18 ; Jn.1 :17
   b. On n'observe plus le Sabbat car la réalité est en Christ. Col.2 : 16
4. C'est l'ère d'une offrande **nouvelle** :
   Puisque Christ a souffert pour nous **dans son corps**, nous devons lui offrir **notre corps** comme un sacrifice vivant. Ro.12 : 1

**Conclusion**
L'Eglise compte sur les promesses de Christ pour fonctionner. Christ compte sur la fidélité de l'Eglise pour retourner. Marché conclu ?

## Questions

1. Que symbolise la Pentecôte dans l'Ancien Testament ? L'avènement du Saint Esprit dans l'établissement de l'Eglise

2. Comment fut-elle célébrée ?
    a. Le peuple agite les prémices de leur récolte devant l'Eternel.
    b. Ensuite, ils immolent un agneau sans défaut.

3. A quelle date de l'année arrive-t-elle ? Le cinquantième jour après sept sabbats c'est-a-dire le dimanche, le premier jour de la semaine.

4. Que demande alors l'Eternel au peuple ? Une offrande nouvelle ou moisson.

5. Que représente cette offrande nouvelle ?
    a. La nouvelle alliance dans le sang de Jésus-Christ
    b. La vie nouvelle des rachetés
    c. L'Etablissement d'une Eglise nouvelle
    d. Notre vie à Christ comme un sacrifice vivant, saint et agréable à Dieu.

### Récapitulation des versets

1. Puis il dit à tous : Si quelqu'un veut venir après moi, qu'il renonce à lui-même, qu'il se charge chaque jour de sa croix, et qu'il me suive. Lu.9 :23
2. Et moi, je te dis que tu es Pierre, et que sur cette pierre je bâtirai mon Église, et que les portes du séjour des morts ne prévaudront point contre elle. Mt.16 :18

3. Vous êtes la lumière du monde. Une ville située sur une montagne ne peut être cachée. Mt.5 :14
4. Il est la tête du corps de l'Église ; il est le commencement, le premier-né d'entre les morts, afin d'être en tout le premier. Col.1 :18

5. Et il a donné les uns comme apôtres, les autres comme prophètes, les autres comme évangélistes, les autres comme pasteurs et docteurs. Ep.4 :11
6. Car personne ne peut poser un autre fondement que celui qui a été posé, savoir Jésus Christ. 1Co.3 :11

7. Mais vous recevrez une puissance, le Saint Esprit survenant sur vous, et vous serez mes témoins à Jérusalem, dans toute la Judée, dans la Samarie, et jusqu'aux extrémités de la terre. Ac.1:8
8. Mais le Seigneur lui dit: Va, car cet homme est un instrument que j'ai choisi, pour porter mon nom devant les nations, devant les rois, et devant les fils d'Israël. Ac.9:15

9. C'est pourquoi réjouissez-vous, cieux, et vous qui habitez dans les cieux. Malheur à la terre et à la mer ! car le diable est descendu vers vous, animé d'une grande colère, sachant qu'il a peu de temps. Ap.12:12

10. Et, lorsque je m'en serai allé, et que je vous aurai préparé une place, je reviendrai, et je vous prendrai avec moi, afin que là où je suis vous y soyez aussi. Jn.14:3

11. Il est avant toutes choses, et toutes choses subsistent en lui. Col.1:17

12. Vous compterez cinquante jours jusqu'au lendemain du septième sabbat ; et vous ferez à l'Éternel une offrande nouvelle. Le.23:16

# TORCHE BRILLANTE

Volume 19 - Série 2

# LA RAISON DU PLUS FAIBLE

## Avant-propos

Jean de La Fontaine, auteur français du dix-septième siècle, dans la fable « Le Loup et l'Agneau » nous dit : « La raison du plus fort est toujours la meilleure. »

Cette déclaration vérifiée dans le monde courant, est contestée par la Bible quand nous constatons l'intervention de Dieu en faveur des plus faibles. C'est pour stimuler votre foi, surtout au moment du danger, que ce livret est mis aujourd'hui sous vos yeux. Ne soyez plus intimidés par les hommes ni par les évènements si seulement vous avez la foi dans la présence sensible et immédiate de « votre Père qui est aux cieux ».

Pasteur Renaut Pierre-Louis

## Leçon 1
## Dieu au secours d'Ismaël

**Textes pour la préparation** : Ge. 12 :1-16 ; 16 :1-12 ;17 :20-26
**Texte à lire en classe** : Ge.16 : 5-12
**Verset à mémoriser** : L'ange de l'Éternel lui dit : Voici, tu es enceinte, et tu enfanteras un fils, à qui tu donneras le nom d'Ismaël ; car l'Éternel t'a entendue dans ton affliction. Ge.16 : 11
**Méthodes :** Discours, comparaisons, questions
**But :** Voir l'intervention de l'Eternel dans la naissance du peuple arabe.

**Introduction**
Lorsque tout parait noir, sachez que Dieu est en contrôle. C'était l'expérience d'Agar dans le Désert.

**I. Qui était-elle ?**
1. Une négresse égyptienne, servante de Sara, la femme d'Abraham. Sans nul doute, elle était comptée parmi les biens que Pharaon attribuait à Abraham en dédommagement pour avoir kidnappé Sara. Ge.12 :16
2. Se croyant stérile, celle-ci demanda à son mari d'aller à Agar afin d'avoir un enfant par elle. C'était la coutume. Ismaël était né de cette relation. Ge.16 :1-3,11

## II. D'où vient son expérience au Désert ?

Agar devint enceinte. Et depuis, elle méprisa Sara, sa maitresse qui la maltraita. Agar a pris la fuite. Ge.16 :4-6

Esclave, sans abri, sans référence, sans secours, son cas était perdu.

## III. D'où peut lui venir le secours ?

<u>Du Dieu des plus faibles</u>. Voici le ciel qui intervient : L'ange de l'Eternel vint lui parler près d'une source d'eau dans le Désert. Ge.16 : 7

1. « Retourne vers ta maitresse et humilie-toi sous sa main. Ge.16 : 9
2. « Si oui, je multiplierai ta postérité. Ton enfant sera appelé Ismaël qui signifie Dieu t'entend dans ton affliction. Ge.16 : 11 ; 17 :20
3. Il sera toujours en guerre et il habitera en face de ses frères. Ge.16 :12

## IV. Quel était le sort d'Ismaël ?

Ismaël est le père des Arabes toujours en conflit avec Israël, les fils de Sara. Néanmoins Dieu les bénit parce qu'ils font partie de l'alliance de la circoncision. Ge.12 : 3 ; 16 :10 ; 17 :26

**Conclusion**

L'Eternel est près de ceux qui ont le cœur brisé. Soyez faible devant lui et il sera votre force.

**Questions**

1. Quand Dieu s'était-il révélé à Agar ?
   Quand tout parait noir.

2. Qui était Agar ? Une négresse Egyptienne, servante de Sara, femme d'Abraham

3. Comment eut-elle Ismaël ? Sur la demande de Sara, Abraham va auprès d'Agar.

4. Pourquoi Sara a-t-elle chassé Agar de sa maison ?
   Parce qu'Agar s'était moquée d'elle.

5. Comment Dieu est-il intervenu ?
   Il ordonna à Agar de retourner vers sa maitresse.

6. Quel était le sort d'Ismaël ? Il devint le père des Arabes, une nombreuse postérité.

## Leçon 2
## La veuve de Sarepta.

**Textes pour la préparation** : 1R. 16 :31 ; 17 : 1-16 ; 18 : 4-13 ; Ps.146 :9 ; Lu.4 : 25-26 ; 1Ti.5 :16
**Texte à lire en classe** : 1R.17 : 8-16
**Verset à mémoriser** : Car ainsi parle l'Éternel, le Dieu d'Israël: La farine qui est dans le pot ne manquera point et l'huile qui est dans la cruche ne diminuera point, jusqu'au jour où l'Éternel fera tomber de la pluie sur la face du sol. 1R.17 :14
**Méthodes :** Discours, comparaisons, questions
**But :** Montrer comment Dieu manifeste sa miséricorde envers les pauvres dans les temps difficiles.

### Introduction
Quand l'Eternel dit qu'il est le Dieu des veuves, il peut toujours le prouver. Allons à Sarepta.

### I. Situation de la veuve de Sarepta
1. Son mari défunt l'a laissée dans une extrême pauvreté. 1R.17 :10
2. Pourtant l'Eternel l'a choisie pour loger et nourrir le prophète Elie. 1R.17 :9
3. Elle avoua n'avoir de quoi survivre que pour deux jours. 1R.17 : 11-12
4. Sarepta est un village de Sidon, pays de Jézabel qui tuait les prophètes de l'Eternel. 1R.18 :13

5. L'hospitalité accordée au prophète Elie l'expose à la mort soit par la famine ou par la main de cette reine sanglante. 1R.18 :4

## II. Pourquoi Dieu a-t-il choisi cette veuve ?
   1. Il est le Dieu des veuves et des plus faibles. Ps. 146 :9 ; Lu. 4 :25-26 ; 1Ti.5 :16
   2. L'Eternel l'a choisie pour changer sa situation par la présence de Dieu dans l'homme de Dieu.

## III. Comment fut-elle récompensée ?
Grace à son obéissance, ses dettes furent payées et elle avait de quoi survivre pendant plus de trois ans. 1R.17 :14-16

## IV. Remarques :
   1. Elie n'avait pas de bagage ; Ainsi il pouvait passer inaperçu.
   2. Les provisions de Dieu précédaient Elie chez la veuve. Cependant il fallait son obéissance au prophète pour déclencher la bénédiction. 1R. 17 :15
   3. La présence de Jézabel ne pouvait intimider Dieu et l'homme de Dieu, car il vient pour protéger la veuve, <u>la partie la plus faible</u>. Ps.146 : 9

## Conclusion
Si vous êtes veuve et dans la gêne, Dieu peut ouvrir pour vous une vanne de bénédictions qu'aucune Jézabel ne pourra fermer.

## Questions

1. Quelle était le devoir de la veuve de Sarepta ?
Entretenir le prophète Elie malgré son indigence.

2. Que savons-nous de Sarepta ? Il appartient à Sidon, le pays de la reine sanglante Jézabel.

3. Quel était le dilemme de cette veuve ? Elle était exposée à mourir ou bien par la famine ou bien par la main de Jézabel, la reine sanguinaire.

4. Pourquoi Dieu a-t-il choisi de sauver cette veuve ?
   a. Parce qu'il est le Dieu des veuves.
   b. Parce qu'il avait voulu changer sa situation grâce à la présence de l'homme de Dieu.
   c. Parce que la présence de Jézabel ne peut intimider Dieu.

5. Comment son obéissance à l'homme de Dieu fut-elle récompensée ?
Il avait des provisions pour survivre pendant toute la durée de la sécheresse.

## Leçon 3
## Une veuve au temps du prophète Elisée

**Textes pour la préparation** : 2R. 4 : 1-7
**Texte à lire en classe** : 2R.4 :1--7
**Verset à mémoriser** : Or, à celui qui peut faire, par la puissance qui agit en nous, infiniment au-delà de tout ce que nous demandons ou pensons, à lui soit la gloire dans l'Église et en Jésus Christ, dans toutes les générations, aux siècles des siècles ! Amen ! Ep.3 :20-21
**Méthodes :** Discours, comparaisons, questions
**But :** Montrer que Dieu n'est jamais à court de moyen pour délivrer.

### Introduction
Encore une autre veuve, mais celle-ci héritière d'une dette énorme de son mari défunt. Quelle était sa situation ?

### I. Le passif était supérieur à l'actif
1. Cependant, elle est insolvable. 2R.4 : 1
2. Elle craignait Dieu et se refusait à toute action immorale pour survivre. 2R.4 :1
3. Son créancier frappe déjà à sa porte pour exiger l'esclavage de ses deux enfants jusqu'à l'extinction de la dette. 2R.4 :1

### II. Son recours au prophète
1. Elle allait en pleurant consulter Elisée, l'homme de Dieu. 2R. 4 :2

2. Le prophète lui demandait de commencer un commerce à partir du seul flacon d'huile qu'elle possédait.
3. Elle devait obtenir des voisins autant de vases vides que possible. 2R.4 : 3
4. Elle fermerait la porte sur elle et mettrait quelques gouttes d'huile dans chaque vase. 2R.4 :4
5. Le miracle s'est produit : l'huile abonde. Ainsi aidée de ses enfants, elle remplissait les vases au fur et à mesure jusqu'à ce qu'il n'y eût plus de vase. 2R. 4 : 6

### III. Résultats
1. L'huile s'arrêta faute de vases. 2R.4 :6
2. Elle retourna à l'homme de Dieu qui lui conseilla d'en vendre une portion pour solder son compte et de garder le reste pour survivre. 2R.4 :7

### IV. Remarques
1. Cette veuve respectait sa dignité d'enfant de Dieu.
2. Puisqu'elle a choisi d'obéir à Dieu,
    a. Elle ne connaitra pas la déception.
    b. Ses enfants ne seront pas réduits aux travaux forcés.
3. Le Dieu des faibles a déclenché un miracle en sa faveur.

### Conclusion
Si vous êtes une veuve, venez à Christ avec votre minimum, il le portera au maximum.

**Questions**

1. Quelle était la situation critique de cette veuve ?
   a. Son mari l'a laissée héritière d'une grosse dette.
   b. Le créancier va réduire ses enfants en esclavage pour éteindre la dette.
   c. Elle veut pourtant rester intègre.

2. Quelle voie a-t-elle choisie ?
   Elle va demander conseil au prophète Elisée.

3. Quel en était la proposition du prophète ?
   a. Qu'elle débute un commerce avec le peu d'huile qu'elle avait.
   b. Elle irait auprès de ses voisins pour demander des vases vides.
   c. Elle y mettrait quelques gouttes d'huile. Elle fermerait sa porte. Le reste est entre les mains de Dieu.

4. Quel en était le résultat ?
   a. L'huile abonde.
   b. Elle s'arrêta faute de vases.

5. Pourquoi l'Eternel a-t-il accompli ce miracle ?
   Parce qu'il est le Dieu des veuves.

6. Quel est le message aux veuves d'aujourd'hui ?
   Qu'elles cherchent le secours de l'Eternel.

## Leçon 4
## Une armée entière arrêtée par un religieux

**Textes pour la préparation** : 2R.6 : 8-23 ; Ps.105 :15
**Texte à lire en classe** : 2R.6 :18-23
**Verset à mémoriser** : Il répondit : Ne crains point, car ceux qui sont avec nous sont en plus grand nombre que ceux qui sont avec eux. 2R.6 :16
**Méthodes :** Discours, comparaisons, questions
**But :** Montrer la protection de Dieu manifestée dans les cas de danger.

### Introduction
Fallait-il au roi de Syrie toute une armée pour arrêter un homme de Dieu ? Quel est le motif de cette arrestation ?

### I. Elle vient d'un soupçon.
1. La Syrie était en guerre contre Israël. 2R.6 :8
   a. Tous les plans de bataille du roi étaient découverts et déjoués. 2R.6 : 9-10
   b. Croyant à une trahison, il appela ses soldats et exigea la dénonciation du traître. 2R.6 :11
   c. « Personne ! » répondit l'un des soldats. Le prophète Elisée rapporte au roi d'Israël ses paroles les plus secrètes. 2R.6 :12
2. Immédiatement, le roi de Syrie envoya de nuit une forte troupe pour encercler Samarie et arrêter l'homme de Dieu. 2R.6 : 14

## II. La réaction du prophète
1. Il pria d'abord pour son serviteur Guéhazi qui paniquait. 2R.6 :16-17
Et voici Dieu ouvrit ses yeux pour qu'il voit la montagne pleine de chevaux et des chars de feux autour d'Elisée. 2R.6 : 17
2. Il pria ensuite pour que Dieu le rende invisible aux yeux des ennemis. 2R.6 :18

## III. La réponse de l'Eternel
1. L'armée syrienne est aveuglée. 2R.6 :18
2. Elisée en a fait des prisonniers. 2R. 6 :19-20
3. Le roi d'Israël leur servit un repas copieux et les renvoya. 2R. 6 :21-23

## IV. Leçons apprises par le roi de Syrie
1. Il se rapporte à son Quartier General mais l'homme de Dieu se rapporte au ciel. 2R. 6 :16
2. Attaquer un serviteur de Dieu c'est attirer sur soi la malédiction et la confusion. Ps.105 :15

## Conclusion
L'Eternel est le Dieu des plus faibles. Il ne manque jamais dans la détresse. Abritez-vous sous son aile.

## Questions
1. Qui a découvert tous les plans de batailles du roi de Syrie ? Le prophète Elisée

2. Quelles étaient ses dispositions contre le prophète ?
   Il lui envoie une armée pour encercler la ville de Samarie en vue d'arrêter l'homme de Dieu.
3. Que fit le prophète pour se protéger ? Il envoya un télégramme à l'Eternel.

4. Que fit l'Eternel pour son prestige et sa réputation ?
   a. Il entoura le prophète de l'armée céleste composée de nombreux chars de feu.
   b. A l'approche de l'armée de Syrie, il frappa tous les soldats d'aveuglement.

5. Que fit Elisée à son tour ?
   a. Il amena l'armée syrienne au pied du roi d'Israël.
   b. Il lui recommanda de leur servir à manger et de les renvoyer chez eux.

6. Que pouvons-nous déduire de cette contre-attaque ?
   a. Le quartier général du roi de Syrie est en Syrie. Le quartier général du roi d'Israël est en Samarie.
   b. Le quartier général de l'homme de Dieu est au ciel.
   c. Attaquer un enfant de Dieu, c'est s'attirer la confusion et la malédiction.

## Leçon 5
## Le roi Ezéchias face à Sanchérib

**Textes pour la préparation** : 2Ch.32 :1-23 ; Es. 36: 1-22
**Texte à lire en classe** : 2Ch.32 : 1-8
**Verset à mémoriser** : Fortifiez-vous et ayez du courage ! Ne craignez point et ne soyez point effrayés devant le roi d'Assyrie et devant toute la multitude qui est avec lui ; car avec nous il y a plus qu'avec lui. Avec lui est un bras de chair, et avec nous l'Éternel, notre Dieu, qui nous aidera et qui combattra pour nous. 2Ch.32 : 7-8a
**Méthodes :** Discours, comparaisons, questions
**But :** Montrer comment le Dieu des plus faibles terrasse celui qui se croit le plus fort.

### Introduction
Comment l'Eternel répond-il au défi ? Se cache-t-il ? Fait-il semblant d'ignorer le problème ? Prenons siège à la salle d'audience du roi Ezéchias et écoutons. 2Ch.32 : 3

### I. Sanchérib assiégea les villes fortes de Juda et menaça Jérusalem. 2Ch.32 : 1-2
Dès lors, le roi Ezéchias réagissait :
1. Il boucha toutes les sources d'eaux qui étaient hors de la ville. 2Ch.32 :3-4
2. Il éleva des tours, construisit des murailles de protection. 2Ch.32 :5

3. Il déploya les forces armées pour protéger le peuple. 2Ch.32 :6
4. Il remonta le moral du peuple. 2Ch.32 :7-8

## II. Attitude du Rabschaké de Sancherib

1. **Le commandant de son armée ou Rabschaké,** vexait Israël et taxait l'Eternel de dieu incapable. Es.36 :1-11
2. A ce moment, Ézéchias fit appel au prophète Esaïe pour faire monter une prière devant l'Eternel. Esa.37 :4
3. La réponse n'a pas tardé. Es.37 : 6-7

## III. La défaite accablante de Sanchérib

1. L'Eternel l'a bridé comme un cheval. Es. 37 : 29
2. "Sanchérib n'aura pas le temps de pénétrer dans la ville de Jérusalem
    a. Parce que c'est la ville de Dieu,
    b. Parce que Dieu se souvint de David, en ce cas précis. 1S. 17 :47 ; Es.37 : 33-35
    c. L'ange de l'Éternel sortit, et extermina cent quatre-vingt-cinq-mille Assyriens. Es.37 :36
    d. Alors Sanchérib retourna à Ninive pour se prosterner devant Nisroc, son dieu. C'est là que ses deux fils, Adrammélec et Scharetser, lui donnèrent la mort et Ésar-Haddon, son fils, régna à sa place. Es.37 : 37-38

**Conclusion**
Si vous voulez vaincre l'adversaire, ayez des compagnons de prières. L'Eternel sera votre force.

**Questions**
1. Comment le roi Ézéchias réagissait-il aux menaces de Sanchérib ?
    a. Il boucha toutes les sources d'eaux qui étaient hors de la ville.
    b. Il éleva des tours, construisit des murailles de protection.
    c. Il déploya les forces armées pour protéger le peuple.
    d. Il remonta leur moral.

2. Que signifie le nom Rabschake ? C'est le titre du commandant en chef de l'armée syrienne.

3. Quelle était sa position contre Israël et son Dieu ? Il vexait Israël et traitait l'Eternel de Dieu incompétent.

4. Comment le roi Ezéchias réagissait-il à cette diffamation ? Il réclama la prière du prophète Esaïe.

5. Comment l'Eternel exauça-t-il cette prière ?
    a. D'abord il augmenta la foi d'Israël.
    b. Il extermina toute l'armée de Syrie.
    c. Sanchérib alla se prosterner devant ses dieux. C'est là qu'il fut tué par ses deux fils.

6. Qu'est-il à conseiller si vous voulez vaincre ? Qu'on ait des compagnons de prières.

7. Vrai ou faux
    a. Dieu attend la prière d'Ezéchias pour réagir. __ V __ F
    b. Rabschaké veut dire « attaqué ». __ V __ F
    c. Dieu rappela la mémoire de David comme un vaillant guerrier. __ V __ F
    d. Les 185,000 soldats syriens moururent de corona. __ V __ F
    e. La délivrance est du côté de l'Eternel. _ V _ F

## Leçon 6
## Naboth et Achab.

**Textes pour la préparation**: 1R.21 :1-16; 2R.9 :30-37
**Texte à lire en classe** : 1R.21 : 1-10
**Verset à mémoriser** : Ainsi parle l'Éternel : Au lieu même où les chiens ont léché le sang de Naboth, les chiens lécheront aussi ton propre sang.1R.21 :19b
**Méthodes :** Discours, comparaisons, questions
**But :** Montrer que la justice de Dieu est impartiale.

### Introduction
Certaines fois la jalousie dilate les yeux au point qu'on veuille convoiter les biens d'autrui. Voilà ce que doit souffrir Naboth de son voisin ambitieux, le roi Achab. D'où vient le litige ?

**I. L'enjeu était la vigne de Naboth bornée au palais d'Achab, roi d'Israël.**
   1. Celui-ci lui proposa de négocier son vignoble à prix d'argent ou par un troc. Naboth refusa. Pourquoi ?
   2. Parce qu'en ce temps-là, la propriété identifie la personne. Il n'est pas simplement Naboth mais **Naboth de Jisreel.**
   3. Il ne peut vendre son nom et son origine ni les échanger. 1R.21 : 1-3

**II. Quelle était la réaction du roi Achab ?**
   1. Il était déconcerté, contrarié et fâché. 1R.21 :4
   2. Jézabel sa femme a décidé de tuer Naboth pour s'accaparer de la propriété par la force.

1R.21 : 5-13.
- a. Ceci dit, elle décréta, au nom du roi, un service de jeûne régional au terme duquel il désigna Naboth pour le diriger. 1R.21 : 8-9
- b. Deux accusateurs seront placés en face de Naboth pour l'accuser de lèse-Dieu et de lèse-majesté. 1R.21 : 10,13
- c. Voilà comment Naboth fut lapidé et tué. 1R.21 :12-13
3. Achab en fut soulagé et alla prendre possession du terrain. 1R.21 :16

## IV. Quelle était la réaction de l'Eternel ?
1. Il envoya le prophète Elie auprès d'Achab pour lui donner sa sentence. 1R.21 : 17-19
2. Achab, et Jézabel mourront et leur sang sera léché par des chiens au même endroit où Naboth avait été tué. 1R.22 :38 ; 2R.9 :30-37

## Conclusion
La vigne est un acronyme pour signifier Evangile, du moins à peu près. L'Evangile est notre identité ; Ne compromettons jamais notre témoignage chrétien, dussions-nous périr comme Naboth.

## Questions
1. Pourquoi le roi Achab enviait-il la vigne de Naboth ?
    - a. Parce que la propriété était mitoyenne à la sienne.
    - b. Il voulut se l'annexer.

2. Pourquoi le pauvre Naboth a-t-il refusé le marché ?
   Parce qu'en ce temps-là, la propriété est rattachée au nom de la personne. On ne peut vendre son identité.
3. Comment était-il parvenu à l'obtenir ?
   a. Sa femme Jézabel désigna Naboth pour diriger un service de jeûne régional.
   b. Deux accusateurs seront placés en face de Naboth pour l'inculper de lèse-dieu, de lèse-majesté et le tuer enfin.
4. Qui blâmait l'action du roi ? L'Eternel par la bouche du prophète Elie.
5. Donnez la meilleure réponse.
   a. Naboth devrait négocier le terrain avec le roi
   b. Puisqu'il est roi, Achab aurait pu déclarer la propriété d'utilité publique et se l'approprier.
   c. Naboth a fait bien de ne pas négocier son nom attaché à la propriété.
   d. Naboth manquait de sagesse pour la négociation
6. Vrai ou faux
   a. Achab était un roi lâche. __ V __ F
   b. Jézabel était une femme de courage. __ V __ F
   c. Naboth était un citoyen droit. __ V __ F
   d. Naboth nous laisse un exemple à suivre. __ V __ F

## Leçon 7
## Trois mille contre six-cents

**Textes pour la préparation** : 1S. 18 :1-8 ; 20 : 1-43 ; 22 :1-5 ; 23 :13-28 ; 24 :1-6
**Texte à lire en classe** : Ps.34 : 1-6
**Verset à mémoriser** : L'ange de l'Éternel campe autour de ceux qui le craignent, Et il les arrache au danger. Ps.34 : 8
**Méthodes :** Discours, comparaisons, questions
**But :** Montrer que l'onction de Dieu peut nous rendre invisibles aux yeux des ennemis.

### Introduction
Voici une page bien intéressante : un roi bien armé à la poursuite d'un sujet de son royaume. C'était le roi Saül pourchassant David.

**I.** Quelles sont les raisons de Saül pour tuer David ?
1. *La jalousie.* David était devenu trop populaire depuis sa victoire sur Goliath. 1S.18 :5-8
2. *La discrimination.* L'amitié profonde du prince Jonathan pour David l'ennuie, d'autant plus que celui-ci peut prétendre à la royauté. 1S.18 :1-4 ; 20 :31
3. *Le préjugé.* Avoir un berger pour gendre lui répugne. Il doit vite l'écarter de sa fille, la princesse Mical. 1S.18 :20-21

   Pour sauver sa vie, David doit s'enfuir.

## II. David et ses six-cents hommes

Il les recrutait parmi les gens sans un avenir certain. 1S.22 :1-5

Pour brouiller toutes les pistes,

1. Il cacha ses parents chez le roi de Moab. 1S.22 :3-4
2. Ses frères désertèrent l'armée de Saül pour le rejoindre. 1S.22 :1
3. David va mener pour longtemps une vie de nomade.

## III. Poursuite au Désert de Maon

Saül battait la campagne de Maon pour trouver David. **C'est alors que le Dieu du plus faible entre en scène** : quand Saul allait se saisir de lui, l'invasion d'Israël par les philistins l'a désamorcé. 1S.23 :23-28

## IV. Poursuite à En-Guedi

1. Saül vint à En-Guédi avec trois mille hommes pour attaquer David qui n'en avait que six-cents. 1S.24 :1-3
2. Fatigué, Saül vint se reposer exactement dans la caverne où campait David. David lui coupa seulement le pan de son manteau. Saül le vit et pleura. 1S.24 :3-6

## Conclusion

David est faible, mais il est fort entre les mains de l'Eternel. Que l'Eternel soit notre force.

## Questions

1. Combien de soldats avait David pour affronter les 3,000 soldats du roi Saul ?  Six cents

2. Pourquoi voulut-il tuer David ?
Par jalousie, discrimination et préjugé

3. Que fit David pour se dérober à la poursuite de Saul ?
    a. Il cacha ses parents chez le roi de Moab.
    b. Ses frères désertèrent l'armée de Saul pour venir le rejoindre.

4. Comment Dieu le protégea-t-il de cette poursuite ?
    a. Saul tomba de sommeil exactement dans la caverne où se reposait David.
    b. Il coupa un morceau du manteau du roi et lui en a fait part. Saul pleura.

5. Comment David a-t-il pu l'emporter sur Saul ?
Grace à l'Eternel, le Dieu des plus faibles.

## Leçon 8.
## Dieu en Elie égale la majorité

**Textes pour la préparation** : 1R. 16 :31-33 ; 17 :1 ; 18 : 1-39 : 19 :8-10
**Texte à lire en classe** : 1R.18 :22, 36-40
**Verset à mémoriser** : Éternel, Dieu d'Abraham, d'Isaac et d'Israël ! que l'on sache aujourd'hui que tu es Dieu en Israël, que je suis ton serviteur, et que j'ai fait toutes ces choses par ta parole ! 1R.18 :36b
**Méthodes :** Discours, comparaisons, questions
But:  Montrer que la majorité ne l'emporte pas toujours.

### Introduction
Si quelqu'un demeure chez Dieu, peut-on le mettre au rang des faibles ? Campons le prophète Elie, le roi Achab et la reine Jézabel.

I. **D'abord,** q**uelle était la situation spirituelle d'Israël** au temps d'Achab ?
   1. Les prophètes de Baal et d'Astarté étaient des employés du gouvernement qui voulait pour faire de l'idolâtrie un culte national. 1R. 16 :31-33
   2. A part Elie, tous les prophètes de l'Eternel étaient tués. 1R. 18 :4 ; 19 : 10
   3. Malgré tout, il eut le courage de dire au roi Achab que « La pluie ne tombera que sous son ordre ». Et si le roi a des objections, il peut le rejoindre à l'adresse suivante :

« **L'Eternel devant qui je me tiens** » (La Bible Thompson) 1R.17 :1
4. Il veut prouver au roi que L'Eternel est le seul Dieu et qu'il est son représentant.

## II. Quelle était la situation économique du pays ?
1. La sécheresse bat son plein. 1R. 18 :1-2
2. L'homme de Dieu est blâmé pour ce fléau. 1R. 18 : 17

## III. Conséquences :
1. L'arrestation du prophète est décidée. 1R.18 :10
2. Elie donna rendez-vous au roi et aux houngans au Mont Carmel. 1R.18 : 19
3. Quant à lui, il se tiendra à côté de l'Eternel ? Et l'on verra alors des deux camps qui sera le plus fort.
   Voici le défi : Le Dieu qui répondra publiquement par le feu sur les offrandes sera reconnu comme le vrai Dieu. 1R.18 :23-24

## Conclusion
Dieu a brulé l'offrande d'Elie pour que tous sachent qu'avec Dieu à sa droite, on a la majorité. Frères, ne changez pas d'adresse. 1R.18 : 37-39

## Questions
1. Que veut dire « demeurer chez Dieu ? » Vivre en sa présence
2. Quelle était la situation spirituelle d'Israël au temps du roi Achab ?

a. Les prophètes de Baal et d'Astarté étaient les seuls officiellement reconnus.
   b. Tous les prophètes de l'Eternel étaient tués.
   c. Elie était le seul survivant du massacre.
3. Montrez le courage de ce prophète
   a. Il affronta le roi Achab pour lui signifier une sécheresse jusqu'à nouvel ordre.
   b. Pour plus d'information, il lui donne l'Eternel pour son adresse.
   c. Il veut prouver au roi que L'Eternel est le seul Dieu et qu'il est son représentant.
4. Comment était devenue la situation économique du pays ?
   La sécheresse bat son plein. Les pertes sont considérables.
5. Quelle était la réaction du roi Achab ?
   a. Il blâma l'homme de Dieu pour ce châtiment.
   b. Il lui envoya un mandat d'arrestation.
6. Quelle était la réaction du prophète de l'Eternel ?
   Il proposa un match de compétence entre l'Eternel et les prophètes de Baal.
7. Quel était le défi ?
   Le Dieu qui répondra par le feu sera proclamé Dieu.
8. Qui représentait la majorité dans ce débat ?
   Dieu en Elie
9. Quelle en était la conclusion ? C'est l'Eternel qui est Dieu.

## Leçon 9
## Néhémie face à l'opposition

**Textes pour la préparation** : Ne.1 :2-11 ; 2 :1-20 ; 5 :14 ; 6 :2,15 ; 13 : 10-22
**Texte à lire en classe** : Ne.2 : 9-16
**Verset à mémoriser** : Que mille tombent à ton côté, Et dix mille à ta droite, Tu ne seras pas atteint. Ps.91 :7
**Méthodes :** Discours, comparaisons, questions
**But :** Montrer que Dieu n'est pas intimidé par l'opposition

### Introduction
Le cœur des rois est comme un courant d'eau dans la main de l'Eternel. Voudra-t-il mettre ce cœur entre les mains d'un captif dans la Diaspora ? Qu'y a-t-il d'impossible pour le Dieu d'Israël ?

### I. Il fléchit le cœur du roi Artaxerxés Longue-main en faveur de Néhémie
1. Ce roi employa Néhémie, un juif de la Diaspora à titre d'échanson. Ne.2 : 1
2. Néhémie apprit d'Hanani son frère, la destruction des murailles de Jérusalem. Ne.1 :2-3
    a. Ainsi les cadavres de leurs ancêtres sont exposés. Ne.1 :3
    b. Il pleura mais jeûna et pria pendant quatre mois, de Kisleu à Nisan soit de Décembre à Avril, pour la reconstruction des murailles de Jérusalem. Ne.1 :1, 4 ; 2 :1

c. C'est alors qu'il sollicite du roi un visa pour se rendre à Jérusalem en vue d'en reconstruire les murailles. Ne.2 : 7-8
   c. Le roi lui accorda un visa multiple de douze ans, outre le nécessaire pour accomplir ce travail. Ne.2 :9 ; 5 :14

## II. Il maitrisa l'arrogance des opposants.

   1. Citons-les : Sanballah, le Horonite, Tobija l'Ammonite et Guerchem l'Arabe, les trois ennemis jurés des juifs. Ne.2 :19-20
   2. En cinquante-deux jours, Néhémie acheva la muraille malgré les persécutions, les complots et la moquerie de ses adversaires. Ne.6 : 2, 15
   3. Son secret était la prière sans cesse. Ne.13 :22
   4. Il rétablit les lévites dans leurs fonctions sacerdotales et établit une banque pour la cause de l'Eternel. Ne.13 :10-11

## Conclusion

Le Dieu des faibles est vivant. La présence de vos ennemis ne le dérange pas. Il dressera pour vous une table garnie en face de vos adversaires. Entre-temps priez.

## Questions

1. Qui était Néhémie ? Un juif de la Diaspora babylonienne, échanson du roi Artaxerxés Longue main
2. Pourquoi voulut-il jeûner pendant quatre mois ?

Pour la reconstruction des murailles de Jérusalem

3. Comment Dieu l'a-t-il exaucé ? Le roi lui accorda un visa de sortie pour Jérusalem outre le nécessaire pour accomplir ce travail.

4. Quels étaient les obstacles à son entreprise ? Il se heurta à l'opposition des ennemis jurés des juifs.

5. Qui en étaient les principaux leaders négatifs ? Sanballah, Tobija et Guerchem

6. Comment les avait-il vaincus ? Par la prière continuelle

7. Quelles étaient les réalisations de Néhémie ?
    a. Il acheva la muraille en cinquante-deux jours.
    b. Il rétablit les lévites dans leurs fonctions sacerdotales
    c. Il établit une banque pour la cause de l'Eternel

8. Qu'apprenons-nous de Néhémie ?
    a. La présence des ennemis ne dérange pas l'Eternel.
    b. Il peut dresser pour vous une table garnie en face de vos adversaires.
    c. Vous devez prier sans cesse.

## Leçon 10
## Un rien lui suffit

**Textes pour la préparation :** Ex.14 :14-16 ; 2R.4 :1-7 ; Mt. 14 :15-21 ; Jn.6 :13 ; 14 : 14-21 ; Jn.6 : 13
**Texte à lire en classe :** Jn.6 : 6-14
**Verset à mémoriser :** Avec Dieu, nous ferons des exploits; Il écrasera nos ennemis.Ps.60 :12
**Méthodes :** Discours, comparaisons, questions
**But :** Montrer comment avec un rien Dieu fait de grandes choses.

**Introduction**
Dites-moi combien vaut une boule de tennis entre les mains de Naomi Osaka, une pierre entre les mains de David et une verge entre les mains de Moise ; alors je vous dirai combien valent cinq pains et deux poissons entre les mains de Jésus.

**I. La valeur extrinsèque de cinq et deux.**
1. Entre les mains du petit garçon ils font sept.
2. Entre les mains de Jésus, nous viendrons avec des approximations :
   a. Cinq mille hommes ont mangé sans compter les femmes et les enfants généralement en plus grand nombre.
   b. Douze paniers restent quand tous étaient rassasiés. Mt.14 :15-21
3. Avec Jésus cinq et deux ne font plus sept.

## II. La valeur intrinsèque de cinq et deux

1. Tout ce qu'on peut voir et toucher est temporel, mesurable et périssable. Ainsi en est-il des cinq pains et des deux poissons.
2. Entre les mains de Jésus, ils changent de dimension parce que Jésus y applique les principes de l'éternité.
3. Le temps joint à l'éternité sur la plateforme de la foi rend possible la multiplication des pains. Jn.6 : 13
   a. Pas besoin d'une drague, une verge entre les mains de Moise suffit pour vous ouvrir la Mer Rouge et vous amener d'Egypte à Canaan. Ex.14 : 14-16
   b. Pas besoin d'un prêt bancaire pour débuter une entreprise : un peu d'huile et des gallons usagés des voisins suffisent. 2R. 4 :1-7
   c. Votre succès sera seulement limité par la petitesse de votre foi. 2R.4 : 6

**Conclusion**

L'Eternel est le Dieu des plus faibles. Utilisez les moyens du bord. Jésus poussera votre barque à bon port.

**Questions**

1. Quelle est la valeur extrinsèque de cinq et deux ?
   a. Entre les mains du petit garçon ils font sept.
   b. Entre les mains de Jésus, ils sont d'une valeur incalculable

2. Quelle est la valeur intrinsèque de cinq et deux ? Ils prennent la dimension de l'éternité.
3. Que devons-nous apprendre de ce miracle ?
    a. Dieu donne une dimension spirituelle à tout ce que nous lui consacrons.
    b. Il y applique les principes de l'éternité.
    c. Dieu est le Dieu des plus faibles.
    d. On doit apprendre à utiliser les moyens du bord et laisser le reste entre les mains du Seigneur.
4. Trouvez la vraie réponse :
    a. Avec plus de pains, Jésus aurait fait un plus grand miracle.
    b. Avec plus de pains, le même Jésus ferait le même miracle.
    c. Le miracle est dans la grosseur des pains.
    d. Le miracle est dans notre consécration au Seigneur Jésus.
5. Vrai ou faux
    a. Le père du petit garçon avait une boulangerie. __V__F
    b. L'enfant donne le pain au Seigneur parce qu'il n'aime pas le pain. __V__ F
    c. L'enfant donne à Jésus ce qui lui était précieux. __V__F
    d. L'enfant n'a pas hésité à donner son pain. __V__F
    e. Les parents de l'enfant lui avaient sans doute appris à donner. __ V __F
    f. Dites à vos enfants que pour devenir riche on doit être chiche. __ V __F

## Leçon 11
## La fête des mères

**Textes pour la préparation** : Ge. 24 :1-65
Textes à lire en classe : Ge. 24 : 13-22
**Verset à mémoriser** : Qui peut trouver une femme vertueuse ? Elle a bien plus de valeur que les perles. Pr. 31 :10
**Méthodes :** Discours, comparaisons, questions
**But :** Encourager les parents à préparer leurs jeunes filles non pour quelqu'un mais pour l'avenir.

### Introduction
Parents, si vous comptez un jour marier votre fille, je vous aurais prié de passer chez Bethuel et demander à voir Rebecca. Voyons ce que ce papa dirait d'elle.

I. **Rebecca est gentille et bonne**.
   1. Elle servit à boire au visiteur avec une tendresse peu commune. Ge.24 : 16-18
   2. Très laborieuse, elle s'offrit pour abreuver les dix chameaux qui composaient la caravane du serviteur. Elle n'avait pour cela qu'une cruche pour transporter l'eau du puits à l'abreuvoir. Ge. 24 :10, 19-20

II. **Rebecca est admirable**
   1. Le serviteur la regardait avec admiration. Ge. 24 : 21

2. L'homme appréciait son service par une large gratification. Ge. 24 :22
3. Il n'a pas hésité à lui demander l'hospitalité. Ge. 24 : 23
4. Mais c'est à Laban, son frère qu'elle laisse le soin d'offrir l'hospitalité au visiteur ; et ses parents l'approuvent. **Ge. 24 : 31-33**
5. La Bible dit qu'elle était vierge. Ge.24 :16

### III. Rebecca est très ouverte
1. Elle est sérieuse et répugne la dissimulation. Elle n'a pas caché à ses parents les cadeaux reçus d'un étranger. Ge.24 : 28, 30
2. Très déterminée, ses parents n'ont fait qu'appuyer ses décisions. Ge.24 :56-58

**Conclusion**
Brider les élans généreux d'une jeune fille peut l'exposer à commettre des erreurs regrettables pour toute sa vie. Parents, soyez sages.

**Questions**

1. Citez au moins trois vertus chez Rebecca :
   Elle était laborieuse, tendre, hospitalière.

2. Pourquoi disons-nous qu'elle était laborieuse ?
   Elle abreuvait les visiteurs et une caravane de dix chameaux moyennant une cruche d'eau assise sur son épaule.

3. Comment justifier son hospitalité ?
   Elle s'offrit pour abreuver le troupeau d'un inconnu.

4. Qu'est-ce que le serviteur admirait en Rebecca ?
   a. Son empressement à le servir
   b. Sa sincérité envers les parents.
   c. Elle n'a pas caché les cadeaux reçus de l'étranger.

5. Comment s'appelait son père ? _____ Son frère ? _____

## Leçon 12
## La fête des pères.

**Textes pour la préparation** : 1S.9 : 1-27 ; 10 : 1-16 ; Ps. 31 :16 ; Je. 1 : 5
**Texte à lire en classe** : 1S. 10 : 1-2
**Verset à mémoriser** : Samuel prit une fiole d'huile, qu'il répandit sur la tête de Saül. Il le baisa, et dit : L'Éternel ne t'a-t-il pas oint pour que tu sois le chef de son héritage ? 1S.10 :1
**Méthodes :** Discours, comparaisons, questions
**But :** Rappeler aux parents d'orienter leurs enfants au lieu de leur imposer une profession.

### Introduction
Quand une femme songe à marier sa fille, le père, de son côté, se demande ce qu'il va advenir de son fils. C'était le dilemme de Kis à l'égard de Saul. Voyons comment il va l'éprouver. D'abord :

I. **Dans la recherche des ânesses égarées dans la Savane. Son père l'envoya pour les ramener.**
   1. Saul obéissait sans réplique à son père. 1S.9 :3
   2. En vain passa-t-il trois jours à battre la savane qu'il ne s'en plaignit aucunement. 1S.9 :20
   3. Son père devrait prendre bonne note de son attitude.

## II. Dans l'éducation de famille
1. Saul était croyant. Il allait consulter l'homme de Dieu pour retrouver les ânesses. 1S.9 :6
2. Il savait contribuer. Il verra le prophète mais pas sans lui apporter un don. 1S.9 :7-8
3. Il était discret.
    a. La conversation sur le toit en Israël était toujours secrète et de haut niveau. Saul sait se taire pour entendre un supérieur. 1S. 9 :25
    b. Quand l'homme de Dieu l'investit roi d'Israël, il en garda le secret même à son proche parent. 1S.10 : 1, 13-16

## III. Quelle était l'ambition de Kis pour son fils ? 1S.10 :2b
1. La Bible ne le dit pas. Si son plan était grand, mais celui de Dieu était merveilleux. Saul sera roi d'Israël.
2. Kis n'avait qu'à élever Saul dans la ligne de l'obéissance au devoir sans s'inquiéter du reste. L'avenir est entre les mains de Dieu qui nous a programmés avant notre naissance. Ps. 31 :16 ; Je. 1 : 5

**Conclusion**

Parents, soyez sages. N'imposez pas le choix d'une profession à votre enfant. Orientez-le seulement car il y a de sottes gens mais pas de sots métiers.

**Questions**

1. Que fit Saul trois jours avant d'être nommé roi d'Israël ?
   Il cherchait les ânesses perdues de son père.

2. Qu'a-t-il fait pour les retrouver ?
   Il alla consulter le prophète Samuel.

3. Que savez-vous de son caractère ?
   Il était discret, obéissant.

4. Quel était le souci de Kis ?
   L'avenir de Saul

5. Quel doit être le rôle des parents dans le choix de la carrière de l'enfant ? L'orienter sans l'imposer un choix.

6. Qui a le dernier mot dans notre destin et pourquoi ? Dieu. Il nous a programmés avant notre naissance.

## Récapitulation des versets

1. L'ange de l'Éternel lui dit: Voici, tu es enceinte, et tu enfanteras un fils, à qui tu donneras le nom d'Ismaël; car l'Éternel t'a entendue dans ton affliction. Ge.16 :11
2. Car ainsi parle l'Éternel, le Dieu d'Israël: La farine qui est dans le pot ne manquera point et l'huile qui est dans la cruche ne diminuera point, jusqu'au jour où l'Éternel fera tomber de la pluie sur la face du sol. 1R.17 :14
3. Or, à celui qui peut faire, par la puissance qui agit en nous, infiniment au delà de tout ce que nous demandons ou pensons, à lui soit la gloire dans l'Église et en Jésus Christ, dans toutes les générations, aux siècles des siècles! Amen! Ep.3 :20-21
4. Il répondit: Ne crains point, car ceux qui sont avec nous sont en plus grand nombre que ceux qui sont avec eux. 2R.6 :16
5. Fortifiez-vous et ayez du courage! Ne craignez point et ne soyez point effrayés devant le roi d'Assyrie et devant toute la multitude qui est avec lui; car avec nous il y a plus qu'avec lui. Avec lui est un bras de chair, et avec nous l'Éternel, notre Dieu, qui nous aidera et qui combattra pour nous. 2Ch.32 :7-8a

6. Ainsi parle l'Éternel : Au lieu même où les chiens ont léché le sang de Naboth, les chiens lécheront aussi ton propre sang. 1R.21 :19b
7. L'ange de l'Éternel campe autour de ceux qui le craignent, Et il les arrache au danger. Ps.34 :8
8. Élie, le prophète, s'avança et dit: Éternel, Dieu d'Abraham, d'Isaac et d'Israël! que l'on sache aujourd'hui que tu es Dieu en Israël, que je suis ton serviteur, et que j'ai fait toutes ces choses par ta parole! 1R.18 :36b
9. Que mille tombent à ton côté, Et dix mille à ta droite, Tu ne seras pas atteint. Ps.91 :7
10. Avec Dieu, nous ferons des exploits; Il écrasera nos ennemis. Ps.60 :12
11. Aie pitié de moi, Éternel ! car je suis dans la détresse; J'ai le visage, l'âme et le corps usés par le chagrin. Ps.31 :10
12. Samuel prit une fiole d'huile, qu'il répandit sur la tête de Saül. Il le baisa, et dit : L'Éternel ne t'a-t-il pas oint pour que tu sois le chef de son héritage? 1S.10 :1

# TORCHE BRILLANTE

Volume 19 - Série 3

## GRANDIR DANS LA GRACE
## &
## DANS LA CONNAISSANCE
## DE JÉSUS-CHRIST

**Avant-propos**

Tout le monde veut grandir et vivre sans jamais vieillir ni mourir. L'idée de l'éternité hante l'esprit de l'être humain parce qu'il a beaucoup par découvrir quand déjà ses forces le trahissent et qu'il n'a pas le temps de savoir ce qu'il ignore et qu'il veut explorer. D'où l'ambition de chercher, de voir, de savoir et de développer ce qu'il a et ce qu'il est. Jésus nous donne le secret pour combler ce désir : il faudra grandir dans la grâce et dans la connaissance du Seigneur. Il est le chemin ; suivez-le.

Pasteur Renaut Pierre-Louis

## Leçon 1
## Connaitre Christ et la puissance de sa résurrection

**Textes pour la préparation** : Matthieu. Chp.5 à Chap. 8 ; Mt. 28 : 20 ; Mc. 16 : 17-18 ; Lu.10 :19 ; Jn.6 :5-12 ; Gal.2 :20 ; Ep.3 :20 ; Ph.3 : 4-10
**Texte à lire en classe** : Ph.3 :4-10
**Verset à mémoriser** : Ainsi, je connaîtrai Christ et la puissance de sa résurrection, et la communion de ses souffrances, en devenant conforme à lui dans sa mort. Ph. 3 :10a
**Méthodes :** Discours, comparaisons, questions
**But :** Convaincre les chrétiens de la manifestation du Saint-Esprit en ce temps-ci comme il en fut au temps apostolique.

### Introduction
D'aucuns disent que les apôtres étaient zélés parce qu'ils avaient connu Jésus en personne. L'apôtre Paul les désapprouva en établissant la différence entre le Jésus physique et le Jésus métaphysique.

### I. Connaitre le Jésus physique. Ses avantages.
Il vous limite :
1. Aux frontières de la Palestine.
2. Aux dogmes du Sermon sur la Montagne. Mt. Chapitre 5 à chapitre 8
3. A votre localité, votre culture, vos traditions et à vos programmes
4. A attendre des miracles, la multiplication des pains, par exemple. Jn.6 : 5-12

## II. Connaitre la puissance de sa résurrection. Ses avantages.

Cette puissance déborde les frontières de la Palestine et va jusqu'aux extrémités de la terre. Mt. 28 : 20

1. Elle met le chrétien en contact avec d'autres cultures, d'autres traditions et d'autres langues.
2. Le chrétien ne doit plus s'attendre à recevoir, le pain, les poissons et le logement gratuit.
3. Cette puissance se manifestera par votre autorité sur le Diable, sur les maladies et agira en vous pour faire des choses qui vous dépasse. Mc. 16 : 17-18 ; Ep.3 :20
4. Ce n'est pas vous qui faites, mais c'est Christ qui fait en vous. Ga.2 :20
5. Vous marcherez sur les scorpions et sur les serpents et rien ne pourra vous nuire. Lu.10 :19
6. La décision du Saint Esprit en vous est finale. Nul ne peut la contester car Jésus est avec vous tous les jours pour vous appuyer et assurer son crédit devant les incrédules. Mt. 28 :20

**Conclusion**

Le Jésus de la Palestine vous attend dans la chambre haute, dans le jeûne et la prière pour faire votre connaissance. Viendrez-vous ?

**Questions**

1. En quoi la connaissance de Jésus-Christ dans la chair avait-il profité aux apôtres ?
   a. Ils le voyaient physiquement à l'œuvre pendant trois ans à travers la Palestine,
   b. Ils écoutèrent ses messages.
   c. Ils étaient bénéficiaires de ses miracles.

2. Quand l'ont-ils vraiment connu ?
   a. Quand ils ont reçu le Saint-Esprit pour aller partout.
   b. Quand c'est le Saint Esprit qui fait en eux.
   c. Quand ils devaient vivre par la foi sans compter sur la manne.
   d. Quand ils ont pu exercer leur autorité sur Satan et sur les maladies.

3. Trouvez la vraie réponse :
   a. La puissance vient d'une statue de Jésus-Christ.
   b. La puissance vient des intellectuels dans l'Eglise.
   c. La puissance vient de beaucoup d'activités dans l'Eglise.
   d. La puissance, tout comme l'ordre de partir viennent d'en haut.

4. Trouvez la meilleure réponse
   a. La caisse de l'Eglise suffit, on n'a plus besoin de manne.

b. La manne était un exemple. Le pasteur doit distribuer aux fidèles les recettes de l'Eglise.
c. La caisse de l'Eglise n'est pas la réponse à tout.
d. Les chrétiens doivent contribuer pour les besoins de l'Eglise et soutenir les pauvres.

5. Trouvez la vraie réponse :
   a. Jésus donne son Saint Esprit pour faire parade.
   b. Jésus donne le Saint-Esprit pour parler en langue.
   c. Il faut remplir une application pour avoir le Saint Esprit.
   d. Jésus donne le Saint Esprit pour son ministère.

## Leçon 2
## Participer dans la communion de ses souffrances

**Textes pour la préparation** : Ac.4 :17 ;5 :28 ; 9 :15 ; 1Co. 1 :11-13 ; 5 :9-13 ; 2Co. 11 :26-28 ;12 : 7-10 ; Ro.8 :18
**Texte à lire en classe** : 2Co.12 : 5-10
**Verset à mémoriser** : C'est pourquoi je me plais dans les faiblesses, dans les outrages, dans les calamités, dans les persécutions, dans les détresses, pour Christ ; car, quand je suis faible, c'est alors que je suis fort. 2Co.12 :10
**Méthodes :** Discours, comparaisons, questions
**But :** Montrer que ressembler à Christ exige qu'on souffre avec lui.

### Introduction
Nous faudra-t-il souffrir quand Jésus-Christ a tout souffert pour nous ? Ne s'était-il pas écrié « tout est accompli ? » Pourquoi Paul nous dit-il, qu'il participe dans la communion des souffrances de Christ ?

### I. C'est à cause du nom de Jésus-Christ. Ac.9 :15
1. Paul, juif orthodoxe, répugne de prononcer le nom de Jésus-Christ. Ac.4 : 17 ; 5 :28
2. Jésus l'avait averti des souffrances qu'il devait endurer pour son nom. Ac.9 :15
3. Il connut les calamités, les détresses pour le nom de Christ. 2Co.12 :10

## II. C'est encore à cause de l'Eglise de Jésus-Christ.
1. Les Eglises lui donnent des soucis. 2Co.11 :28
2. Par le comportement immoral des chrétiens. 1Co.5 :9-13
3. Par la discrimination entre les frères. 1Co. 1 : 11-13
4. Par le danger encouru dans la compagnie des faux frères. 2Co.11 :26

## III. C'est enfin à cause de son handicap physique
1. Il priait Dieu de le lui enlever. Mais pour toute réponse, il lui dit :« Ma grâce te suffit. » 2Co.12 :9
2. En d'autres termes, « ta condition actuelle me convient pour mon travail et pour vous permettre de rester dans le chemin du salut ». 2Co.12 : 9

## IV. L'état d'âme de Paul
1. Il se complait dans les souffrances pour Christ. 2Co.12 :10.
2. Il agit comme un vaillant guerrier. 2Ti.2 :4
3. Il regarde non aux souffrances du temps présent mais à la gloire à venir. Ro. 8 :18

**Conclusion**
Ressembler à Christ exige qu'on souffre avec lui. Souffrons et souffrons avec foi. C'est un nuage qui passe. Il ne va pas assombrir notre ciel pour toujours.

## Questions

1. Qu'est-ce-que le juif orthodoxe déteste de prononcer ? Le nom de Jésus-Christ

2. Citez un juif orthodoxe qui devait souffrir pour ce nom. Saul de Tarse

3. De quoi souffrait Paul dans les Eglises ?
    a. Les soucis qu'elles lui donnent
    b. Le comportement immoral des chrétiens
    c. La discrimination entre les frères
    d. Le danger encouru dans la compagnie des faux frères

4. Quelle était la souffrance personnelle de l'apôtre ?
   Son handicap physique qui ne le quittait pas

5. Quel était la réponse de l'Eternel à ce handicap ? Ma grâce te suffit.

6. Quel comportement devait-il adopter ?
    a. Il devait se complaire dans la souffrance.
    b. Il devait agir comme un vaillant soldat
    c. Il devait regarder plutôt à la gloire à venir

### Leçon 3
### Etablir la parfaite connexion
### entre le ciel et la terre

Textes pour la préparation: 2Ch.14: 7-14 ; Ps. 33 :13-18 ; 41 :1-14 ; Job.12 : 10 ; Je. 23 :23 ; Ro.8 :26-27 ; He.13 :9
**Texte à lire en classe** : 2Ch.14 : 5-14
**Verset à mémoriser** : Heureux celui qui s'intéresse au pauvre ! Au jour du malheur l'Éternel le délivre ; Ps.41 :1
**Méthodes :** Discours, comparaisons, questions
**But :** Aider les chrétiens à exercer la foi pour maintenir la relation avec Dieu

### Introduction
Quand vous êtes sûr de la relation avec votre Père céleste, toute autre relation doit être secondaire. Et voici la discipline à observer :

### I. Il faut donner à Dieu la priorité
On refuse de recourir à des tiers quand il s'agit de reconnaitre Dieu dans sa responsabilité absolue.
1. Quant au roi Asa, il invoqua l'Eternel, son Dieu, et dit : « Eternel, tu es notre Dieu : que ce ne soit pas l'homme qui l'emporte sur toi !
   2 Ch. 14 :11
2. David sur son lit de souffrances dira : « Je connaîtrai que tu m'aimes, si mon ennemi ne triomphe pas de moi. Tu m'as soutenu à cause

de mon intégrité et tu m'as placé pour toujours en ta présence. » Ps.41 : 12-13

## II. Il faut la foi comme une plateforme de lancement vers Dieu.

Le chrétien doit savoir :
1. Qu'il n'a d'autre adresse que la **main** du Seigneur. Job.12 :10 ; Jn.10 :28
2. Que rien n'échappe aux yeux de Dieu. He. 13 :9
3. Que la foi est sa télécommande (remote control) mise à notre disposition pour le rejoindre à la seconde.
4. Que Dieu est en contrôle de tout. Ps.33 :13 Il est Dieu de loin et de près. Jer.23 :23
5. Que notre requête est attendue et est toujours bienvenue. Ph.4 : 6
6. Que le Saint Esprit est notre unité centrale de traitement ou CPU pour convertir nos prières dans le code que le ciel accepte. Ro. 8 :26-27

**Conclusion**
Ayez foi en Dieu et soyez rempli du Saint-Esprit.

**Questions**

1. Choisissez honnêtement la meilleure relation __ le chef de l'Etat __ La Téléco __ Le manager __ Notre Père céleste

2. Citez une parole célèbre du roi Asa : « Eternel, tu es notre Dieu, que ce ne soit pas l'homme qui l'emporte sur toi »

3. Quel est le véhicule de transport pour nos prières ? La foi

4. A quelle adresse vont nos prières ? Au Père céleste

5. Qui appose la dernière signature à nos prières ? Jésus-Christ.

6. Comment savons-nous d'avance que Dieu va répondre à nos prières ?
   a. Il contrôle tout.
   b. Notre requête est attendue au ciel avant même qu'elle soit formulée.

7. Qui met notre dossier en état devant Dieu ? Le Saint Esprit

## Leçon 4
## Vivre avec le caractère d'un roi

**Textes pour la préparation** : Ge.1 :26 ; 22 : 1-2 ; Ex.12 :1-7; 16 :12-13 ; 1S. 17 :24-54 ; 21 :8-9 ; Ps.8 :6; Es.7 :14; Mich.5 :1 ;1S.16: 7-11; Lu.1:34-37
**Texte à lire en classe** : 1S.16 : 1-13
**Verset à mémoriser** : Il reste encore le plus jeune, mais il fait paître les brebis. Alors Samuel dit à Isaï: Envoie-le chercher, car nous ne nous placerons pas avant qu'il ne soit venu ici 1S.16 :11b
**Méthodes :** Discours, comparaisons, questions
**But :** Montrer que tous doivent révérence a l'homme marqué par le sceau de la destinée.

### Introduction
Quand on est né pour être roi, les hommes et les circonstances doivent attendre.

### I. Les attentes obligatoires :
#### 1. Adam, le roi de la nature était attendu
Les trois règnes végétal, minéral et animal devaient attendre Adam, leur roi qui devait régner sur eux tous. Ge. 1 :26

#### 2. David le roi d'Israël était attendu
Isaï et tous ses enfants devaient attendre David qui paissait le troupeau de son père. Tant qu'il n'était pas venu, le sacrifice que devait offrir le prophète Samuel n'aura pas lieu. 1S.16 :11

### 3. Jésus, le roi des rois était attendu
Il était annoncé
  a. Par des types (Isaac, l'agneau pascal, la manne) Ge.22 : 1-2 ; Ex. 12 :1-7 ; 16 : 12-13
  b. Par son lieu de naissance déjà choisi. Mich.5 :1
  c. Par un messager céleste. Lu.1 : 34-37
  d. Par sa venue d'une vierge. Es. 7 : 14

### 4. Vous êtes attendu
  a. Dieu est roi. Vous êtes des princes avec Dieu, créés pour dominer sur tout. Ps.8 : 6
  b. Le ciel vous attend aux noces de l'agneau.
  c. En ayant le caractère d'un prince, David a esquissé un geste royal : Il porta la tête de Goliath à Jérusalem, la ville du grand roi et les armes du philistin dans le temple. 1S. 21 : 8-9.

Il laisse le « ministère de pillage » à ceux qui n'avaient pas le courage d'affronter le danger mais qui se plaisaient à faire des commentaires stériles sur le géant. 1S.17 : 24-25, 53-54

### Conclusion
Dès aujourd'hui, comportez-vous en prince avec Dieu avec vocation de vous asseoir à côté de Jésus sur son trône éternel.

## Questions

1. Quel est le privilège des gens destinés à régner ?
   Les hommes et les circonstances doivent les attendre.

2. Que dire d'Adam
   Les trois règnes de la nature devaient l'attendre comme le roi de l'univers.

3. Que dire de David ?
   Tant qu'il n'est pas venu, le sacrifice que devait offrir le prophète Samuel n'aura pas lieu.

4. Que dire de Jésus ?
   Il devait être annoncé de plusieurs manières avant sa venue.

5. Que dire de nous ?
   En tant que princes avec Dieu,
   a. Nous devons dominer sur tout
   b. Le ciel nous attend aux noces de l'agneau.

6. Donnez-nous un exemple de prince ayant le caractère d'un roi. David a tué Goliath mais il n'a pas participé au pillage.

## Leçon 5
## Vivre avec le caractère d'un héros

**Textes pour la préparation** : Ps.119 :19 ; 121 : 1 ; Mt.6 :13 ; 7 :13 ; Lu.9 :59 ; Jn.14 :6 ; Ac.1 :8 ; Ti.3 :3-5 ; He.10 :4 ; 12 :13 ; 1Jn.5 :19
**Texte à lire en classe** : He.12 : 7-15
**Verset à mémoriser** : Vous n'avez pas encore résisté jusqu'au sang, en luttant contre le péché. He.12 :4
**Méthodes :** Discours, comparaisons, questions
**But :** Affirmer la foi des chrétiens devant l'adversité.

### Introduction
Quand la foi est mise en question, elle doit triompher des épreuves pour que notre succès ajoute à la gloire de Dieu. Il nous faudra vivre alors avec le caractère d'un héros et voici la discipline à observer :

### I. Restons sur notre chemin
1. Le monde n'est pas notre territoire. Il est sous la puissance du malin. 1Jn.5 :19
2. Nous sommes des étrangers et non des résidents de cette planète. Ps.119 :19
   a. Christ nous a commissionnés pour prêcher l'Evangile partout et à tous, à commencer par notre maison. Ac. 1 : 8
   b. Il est **notre seul chemin** et **non notre savane**. Jn.14 :6
   c. Notre itinéraire est dans sa main. Nous ne pourrons nous égarer. Jn.14 :6 ; Ti.3 :3-5

3. Cependant il nous ordonne d'entrer par la porte étroite et de le suivre. Mt.7 :13 ; Lu.9 :59
    a. Les tentations sont là pour nous tourner la tête mais Jésus est là pour nous en garder. Mt. 6 : 13
    b. Il nous faudra accepter librement les restrictions qu'impose la foi chrétienne afin de devenir des héros. He.12 :4
    c. Il nous faut suivre avec nos pieds des voies droites pour ne pas influencer les chrétiens boiteux, clopinclopant. Au contraire nous devons les raffermir par notre bonne conduite. He.12 : 13
4. Le secret
  Au lieu de nous arrêter aux problèmes, recherchons la solution. Les problèmes sont nos montagnes. Ils sont plus hauts que nous. Cependant notre Dieu est plus haut que nos montagnes. Il les domine. Il peut dominer nos problèmes pour nous en donner la solution. Ps.121 :1

**Conclusion**
Luttons bien. Notre trophée est là-haut.

**Questions**

1. Quand notre foi ajoute-t-elle à la gloire de Dieu ? Quand nous triomphons des épreuves.

2. Pour être un héros en Christ, quelle est la discipline à observer ?
   a. Nous rappeler que le monde n'est pas notre territoire. Il est sous la puissance du malin.
   b. Que nous sommes des étrangers et non des résidents de la planète
   c. Que Christ est notre chemin et non une savane.

3. Qui sont les seuls appelés à devenir des héros ? Ceux qui acceptent d'entrer par la porte étroite et de continuer à suivre le Seigneur.

4. Quelles sont alors les prescriptions du Seigneur ?
   a. Nous devons regarder à Jésus seul.
   b. Nous devons accepter librement les restrictions qu'impose la foi chrétienne.
   c. Nous devons suivre avec nos pieds des voies droites pour ne pas chuter et faire chuter les autres.

5. Quel est le secret des héros ?
   a. Ils regardent aux solutions et non aux problèmes.
   b. Ils savent que si hautes que soient nos montagnes, Jésus est plus haut qu'elles.

## Leçon 6
## Savoir remettre au ciel toute sa responsabilité

**Textes pour la préparation** : 2Ch.19 :5-11 ; 20 :1-22
**Texte à lire en classe** : 2Ch.20 :14-22
**Verset à mémoriser** : Vous n'aurez point à combattre en cette affaire: présentez-vous, tenez-vous là, et vous verrez la délivrance que l'Éternel vous accordera. 2Ch.20 :17a
**Méthodes :** Discours, comparaisons, questions
**But :** Rappeler aux chrétiens de s'en remettre à Dieu pour tous les cas impossibles.

### Introduction
Arrive-t-il un moment où l'homme doit engager la responsabilité de Dieu ? Naturellement oui.

### I. Cela arrive quand la force humaine est à sa limite.
1. **Nous devons être assez lucides pour reconnaitre que certaines batailles ne sont pas nôtres :**
   Comment un Josaphat, même s'il est roi, pourra-t-il affronter une coalition de trois armées dont une seule est plus nombreuse que l'armée d'Israël ? 2Ch.20 : 1-2

   *2. Ce que Josaphat n'a pas fait.*
   a. Il n'a pas capitulé devant les hommes.
   b. Il n'a pas pris la fuite.
   c. Il n'a pas signé sa démission comme roi.

d. En d'autres termes, il n'a pas recherché les solutions faciles des gens lâches.

3. ***Ce que le roi avait fait***. 2Ch.19 :5-11
   a. Il avait établi des juges dans toutes les villes fortes du pays en leur enjoignant de tout faire dans la crainte de l'Eternel. 2Ch.19 :5-7
   b. Il établit des lévites et des sacrificateurs pour juger les cas entre le peuple à la lumière de la Loi de l'Eternel. 2Ch.19 : 8-10

4. ***Ce que le roi a fait***
   a. Il se disposa à chercher l'Eternel et il publia un jeûne national. 2Ch.20 :3
   b. Il plaida devant l'Eternel comme un avocat de la défense. 2Ch.20 : 6-12
   c. Il sélectionna des membres de la chorale, tous habillés en uniforme de sainteté et il les plaça à l'avant-garde. L'armée les suit parce que c'est le ciel qui va combattre. 2Ch.20 :21
   d. Avec cette confiance, il descend pour affronter les ennemis. 2Ch.20 : 20

**Résultat** : La bataille était gagnée sans coup férir. 2Ch.20 : 22

**Conclusion**
Déposez vos armes et l'Eternel combattra pour vous.

## Questions

1. Quand l'homme doit-il absolument engager la responsabilité de Dieu ? Quand la force humaine est à sa limite.

2. Quand le savons-nous ? Quand les circonstances nous dépassent.

3. Donnez-nous en un exemple
   Le roi Josaphat devait affronter une coalition de trois armées dont une seule est plus puissante que la sienne.

4. Quelle était sa stratégie de combat ?
   a. Il publia un jeûne national.
   b. Il plaida sa cause devant l'Eternel.
   c. Il mit à l'avant l'équipe de louange et à l'arrière l'armée d'Israël.
   d. Il affronta l'ennemi sans peur.

5. Quel fut l'issue de la bataille ? L'Eternel est champion.

## Leçon 7
## Savoir sélectionner ses relations

**Textes pour la préparation** : Ps.1 :1-6 ; 4 :5 ; 17 :3 ; 77 :7 ; 1Co.5 : 9-13 ; Ep.5 : 18-21 ; 2Ti.2 :22 ; Ju. 20-23
**Texte à lire en classe** : Ep.5 : 18-21
**Verset à mémoriser** : Entretenez-vous par des psaumes, par des hymnes, et par des cantiques spirituels, chantant et célébrant de tout votre cœur les louanges du Seigneur; Ep. 5 : 19
**Méthodes :** Discours, comparaisons, questions
**But :** Développer des relations spirituelles avec des chrétiens spirituels.

### Introduction
Savez-vous que nul ne peut grandir dans la grâce et la connaissance de notre Seigneur et Sauveur Jésus-Christ s'il ne soigne pas ses bases ? Voici ce qu'il lui faut savoir absolument :

### I. Qu'il y a des gens à ne pas fréquenter.
1. Le psaume premier les cite : les méchants, les moqueurs, les pécheurs. Ps.1 :1-2
2. Paul en cite : Les faux-frères. 1Co.5 :11-13
3. Jude aussi en cite : Jude 23

### II. Qu'il y a des gens à rechercher
Ceux qui invoquent le Seigneur d'un cœur pur.
1. Ils recherchent la justice, la foi, l'amour et la paix. 2Ti.2 :22

2. Ils cherchent à comprendre Dieu dans les Psaumes, les hymnes et les cantiques spirituels et évitent de les paganiser avec les airs mondains ou tendancieux. Ep.5 :19
3. Ils remercient Dieu pour toutes choses. Ep.5 : 20
4. Au lieu de se glorifier dans des discussions inutiles, ils se soumettent les uns aux autres dans la crainte de Christ. Ep.5 :21

### III. Qu'il y a des moments pour être seul avec Dieu.
1. Pour un examen de conscience, David dit : « Si tu sondes mon cœur, si tu le visites la nuit, Si tu m'éprouves, tu ne trouveras rien : Ma pensée n'est pas autre que ce qui sort de ma bouche. Ps.17 :3
2. Pour la concentration, il vous dira : « Parlez en vos cœurs sur votre couche, puis taisez-vous. Ps.4 :5
3. Pour la méditation : Il pense à ses cantiques, il fait des réflexions au-dedans de son cœur et son esprit médite. Ps.77 :7

### Conclusion
Ayez Jésus pour partenaire. Ainsi votre dimension débordera la mesure.

### Questions
1. Quelle est, dans cette leçon les précautions à prendre pour grandir dans la grâce et la connaissance de Jésus-Christ ?

Il y a des gens à éviter, d'autres à rechercher et un moment pour être seul.

2. Citez les gens à éviter :
Les méchants, les moqueurs, les pécheurs et les faux frères.

3. Citez les gens à rechercher
   a. Ceux qui invoquent le Seigneur d'un cœur pur
   b. Ceux-là qui recherchent la justice, la foi l'amour et la paix.
   c. Ceux qui prennent plaisir dans la Parole de Dieu pour la méditer jour et nuit.
   d. Ceux qui vivent dans la soumission et la crainte de Christ.

4. Pourquoi doit-on être seul par moment ?
   a. Pour un examen de conscience
   b. Pour la concentration et la méditation

5. Trouver la meilleure réponse
   a. Je ne peux rejeter mon parent, même s'il est de mauvaise vie.
   b. Je ne peux lui reprocher son inconduite pour ne pas créer de la zizanie.
   c. Mon parent c'est mon parent, l'Evangile y est pour rien.
   d. Je dois exhorter mon parent et prier pour lui car Dieu va m'en demander compte.

## Leçon 8
## Savoir vivre de jeûne et de prière

**Textes pour la préparation** : Ex.34 :29-35 ; Ps. 1 :1-5 ; 34 :6 ; 42 : 8-11 ; Pr.3 :26 ; 17 :22 ; Mt. 4 : 5-6 ; 17 :21 ; Lu.10 : 38-42 ; Ep.6 :13
**Texte à lire en classe** : Ep.6 :10-17
**Verset à mémoriser** : C'est pourquoi, prenez toutes les armes de Dieu, afin de pouvoir résister dans le mauvais jour, et tenir ferme après avoir tout surmonté. Ep.6 :13
**Méthodes :** Discours, comparaisons, questions
**But :** Développer une vie de prière chez les chrétiens

### Introduction
Certains choix dans la vie constituent un investissement pour le futur. Il n'y a pas comme le jeûne et la prière.

### I. Quelle est sa valeur présente ?
Jésus l'appelle « la bonne part qui ne vous sera point ôtée ». Lu.10 : 40-42
1. Il change l'atmosphère de votre vie.
   Vous rayonnez de joie. Or le cœur joyeux est un bon remède. Vous jouirez d'une meilleure santé. Ps. 34 :6 ; Pr. 17 :22
2. Il déroute l'adversaire. Certains démons, dit Jésus, ne sortent que par le jeûne et la prière. Mt. 17 :21

3. Il augmente votre quota spirituel.
    a. A force de vivre dans la présence de l'Eternel, Moise était illuminé. Ex.34 :29
    b. Les enfants d'Israël ne pouvaient le regarder au point qu'il était obligé de se voiler la face en leur présence. Ex.34 :35

## II. Quelle est sa valeur future ?

1. Vous n'avez pas le même zèle pour prier et jeûner chaque jour. Il constitue une réserve à votre compte d'Epargne céleste **pour résister dans le mauvais jour**. Ep.6 :13
2. Qu'est-ce que le mauvais jour ?
    a. Le jour où le malin sème le doute dans votre cœur tandis que vous êtes malade dans le corps ou dans l'âme. Ps.42 :8-11
    b. Le jour d'une attaque imprévue des méchants. Pr.3 :26
    c. Le jour où vous ne savez que faire et que quelqu'un vous conseille exactement ce que la Bible interdit. Ps.1 :1
    d. Le jour où la vanité vous dicte de rechercher la vaine gloire. Mt. 4 : 5-6

## Conclusion

Le jeûne et la prière est un rendez-vous avec le ciel. Ne le ratez pas.

**Questions**

1. Dans cette leçon, que représente le jeûne et la prière ? Une addition à notre compte d'épargne dans le ciel.

2. Quelle est sa valeur actuelle ? La bonne part qui ne nous sera point ôtée

3. Quels sont les bienfaits du jeûne et de la prière ?
    a. Il change l'atmosphère de notre vie.
    b. Il déroute l'adversaire.
    c. Il augmente notre quota spirituel.

4. Quelle est sa valeur future ?
   C'est une réserve pour les mauvais jours.

5. Qu'entendons-nous par « mauvais jours ? »
    a. Le jour où le malin sème le doute dans notre cœur.
    b. Le jour d'une attaque imprévue du méchant.
    c. Le jour d'indécision où vous êtes confronté par des conseils équivoques.
    d. Le jour où la vanité vous dicte de rechercher la vaine gloire.

## Leçon 9 - Savoir gérer les épreuves

**Textes pour la préparation** : Job. 42 :10-12 ; Ps.46 : 2 ; Je.1 :19 ; 1Co.10 :13 ; Ph.2 :13 ; He.12 :1-8 ; Ja.1 : 2 ; 1Pi.4 :1

**Texte à lire en classe** : He. 12 : 4-13

**Verset à mémoriser** : Aucune tentation ne vous est survenue qui n'ait été humaine, et Dieu, qui est fidèle, ne permettra pas que vous soyez tentés au-delà de vos forces ; mais avec la tentation il préparera aussi le moyen d'en sortir, afin que vous puissiez la supporter. 1Co.10 :13

**Méthodes :** Discours, comparaisons, questions

**But :** A ne pas confondre épreuves et malédiction

**Introduction**

En général, l'entrée dans une salle d'examen crée des appréhensions chez l'étudiant. Mais comment va-t-il affronter le test ? Voilà la condition déterminante de son succès ou de son échec.

### I. Quelle est l'attitude de celui qui veut réussir ?

1. Il accepte les épreuves non comme une malédiction mais comme une étape dans l'exercice spirituel.
2. C'est un sujet de joie pour l'apôtre Jacques. Ja.1 :2
3. C'est une nouvelle opportunité pour prouver à tous que Jésus demeure en nous pour produire en nous le vouloir et le faire selon son bon plaisir. Ph.2 :13
4. Pour prouver à tous que nous sommes des enfants légitimes de Dieu notre Père. He.12 : 8

## II. Quelle est son secret ?

1. Il sait que la gloire de Dieu se manifeste dans notre résistance jusqu'au sang contre le péché. He.12 :4
2. Il sait que Christ a souffert dans la chair ; lui aussi, il doit s'armer de cette même pensée. 1Pi.4 :1
3. Il sait que Dieu ne fait point de mal. C'est comme des fils qu'il nous traite. He.12 : 7
4. Il sait qu'aucune tentation ne nous est survenue qui n'aie été humaine. Dieu connait la limite de notre force. Il pourvoira au moyen de nous en délivrer. 1Co.10 :13
5. Il sait que le Diable peut nous attaquer comme il en fut pour Job. Mais il ne pourra jamais nous terrasser. Ps.46 : 2 ; Je.1 :19

Après sa victoire, Job était doublement béni. Attendez votre tour. Job. 42 : 10-12

## Conclusion

Et vous voilà sur la piste d'envol pour grandir dans la grâce et la connaissance de Jésus-Christ. Allez-y !

## Questions

1. Quelle est l'attitude de celui qui veut réussir ?
    a. Il accepte les épreuves non comme une malédiction mais comme une étape dans l'exercice spirituel.
    b. C'est un sujet de joie
    c. C'est une nouvelle opportunité pour mettre en évidence la compétence du Seigneur Jésus dans notre vie.

d. C'est une nouvelle opportunité pour prouver à tous que nous sommes des enfants légitimes de Dieu notre Père.
2. Quel est son secret ?
   a. Il sait que sa résistance au péché manifeste la gloire de Dieu.
   b. Il sait que Christ a souffert et qu'il doit s'armer de cette même pensée.
   c. Il sait que Dieu ne fait point de mal.
   d. Il sait que Dieu interviendra en temps opportun.
   e. Il sait qu'à l'Eternel appartient le dernier mot.
3. Trouvez les bonnes réponses :
   a. Les épreuves sont un châtiment de Dieu.
   b. Les épreuves sont une malédiction.
   c. Les épreuves viennent de Satan.
   d. Les épreuves viennent de Dieu.
4. Trouvez la vraie réponse.
   a. Le chrétien ne doit pas souffrir.
   b. Le chrétien doit accepter les souffrances.
   c. Le chrétien doit cacher ses souffrances.
   d. Le Chrétien cherche la solution en Dieu.
5. Vrai ou faux :
   a. La nécessité est contre la loi de Dieu. _ V _F
   b. On peut aller chez le sorcier et demander pardon à Dieu après. __ V _F
   c. La souffrance vient d'un péché du malade. Il doit le confesser à l'instant. _V _F

## Leçon 10
## Accepter de fléchir devant la volonté souveraine de Dieu

**Textes pour la préparation**: Lev. 4 :11-12; Ez.4 : 1-17
**Texte à lire en classe** : Ez.4 : 4-12
**Verset à mémoriser** : Tu ne pourras rien changer dans cette discipline car je t'attacherai avec des cordes pour t'empêcher de bouger jusqu'à ce que ma volonté soit exécutée. Ez.4 :8
**Méthodes :** Discours, comparaisons, questions
**But :** Apprendre aux chrétiens à obéir à la voix de Dieu même sans la comprendre.

**Introduction**
Avons-nous le droit de contester les ordres de Dieu? Qui sommes-nous pour l'oser ? Pour votre édification, entrons en silence dans la salle d'audience pour entendre le message de l'Eternel au prophète Ezéchiel.

**I. Fils de l'homme :**
1. Couche-toi sur le côté gauche pendant trois-cent quatre-vingt-dix jours pour mettre devant toi l'iniquité d'Israël. Puis tu te coucheras pendant quarante jours sur le côté droit pour mettre devant toi l'iniquité de Juda. Ez.4 :4-6
2. Tu ne pourras rien changer dans cette discipline car je t'attacherai avec des cordes pour t'empêcher de bouger jusqu'à ce que ma volonté soit exécutée. Ez. 4 : 8

3. Pour ta ration alimentaire pendant les trois-cent quatre-vingt-dix jours, tu feras du pain avec des céréales et des légumes : Ez. 4 :9-10
   a. Veuille à ne pas dépasser la portion que je te prescris, soit vingt sicles par jour. Ez.4 : 10
   b. Pour ton dessert tu auras des gâteaux d'orge cuits sur de la matière fécale. Ez.4 :12
4. Ezéchiel n'en peut plus. Il implora l'Eternel pour qu'il modifie la diète. Ainsi l'Eternel lui donna du pain cuit sur des excréments de bœuf. Ez. 4 : 15

## II. Etat d'âme du prophète
1. En Israël, il était hier, sacrificateur de l'Eternel.
2. Il brulait les excréments des holocaustes hors du camp. Lev. 8 :17
3. Aujourd'hui, il est prophète dans la diaspora babylonienne, et ces excréments doivent lui servir de combustible pour cuir son repas. Quelle humiliation pour un serviteur de Dieu ! Ez.4 :15

## Conclusion
Pour grandir dans la grâce et la connaissance de notre Seigneur et Sauveur, à quel degré allez-vous accepter d'être humilié ?

## Questions
1. Quelle était la prescription de l'Eternel au prophète Ezéchiel ?

Il doit se coucher sur le côté gauche pendant trois-cent quatre-vingt-dix jours pour mettre devant lui l'iniquité d'Israël ; Puis pendant quarante jours sur le côté droit pour mettre devant lui l'iniquité de Juda.
2. Pouvait-il modifier cet ordre ? Non.
3. Pourquoi ? Parce que l'Eternel lui prévient qu'il va l'attacher avec des cordes pour l'empêcher de bouger jusqu'à ce que sa volonté soit exécutée.
4. Comment va-t-il faire pour manger pendant ce temps-là ?
L'Eternel lui donne la permission de manger du pain, des céréales et des légumes en portion réglée qu'il ne doit pas excéder.
5. Et que dire de son dessert ?
Ce sera des gâteaux cuits sur de la matière fécale des humains
6. Quelle était la réaction d'Ezéchiel ?
Il supplie l'Eternel de le modifier.
7. A-t-il accepté ? Oui, il lui dit de préparer les gâteaux sur des excréments de bœufs.
8. Quel était l'état d'âme du prophète ?
Hier, il était sacrificateur pour brûler ces excréments hors du camp. Aujourd'hui il est prophète dans la Diaspora et ces excréments lui serviront de combustible.
9. Quel degré devra-t-on atteindre pour grandir dans la grâce et la connaissance du Seigneur ? Il faut l'humilité et l'obéissance absolues.

## Leçon 11
## Accepter de donner à Dieu ce qui nous coûte

**Textes pour la préparation** : Ge. 12 :1-3 ; 21 :1-5 ; 16 :1-4 ; 22 :9-13 ; Mt.22 :32
**Texte à lire en classe** : Ge. 22 : 1-8
**Verset à mémoriser** : Je le jure par moi-même, parole de l'Éternel ! parce que tu as fait cela, et que tu n'as pas refusé ton fils, ton unique, je te bénirai et je multiplierai ta postérité. Ge.22 :16-17a
**Méthodes :** Discours, comparaisons, questions
**But :** Etablir le fait que si Dieu nous donne ce qui ne nous coûte pas, nous devons accepter de lui donner ce qui nous coûte.

### Introduction
Quand l'Eternel veut éprouver notre foi, il nous met devant des situations difficiles pour nous obliger à compter que sur lui. A partir de là, nous commençons à grandir.

### I. Qu'a-t-il fait à Abraham ?
1. Il lui demande de lui sacrifier son fils bien-aimé, Isaac, l'enfant de la promesse.
   Quoiqu'il fût l'ainé d'Isaac, Ismaël était écarté parce qu'il était un fils selon la volonté propre d'Abraham. Ge.16 :1-4

## II. De quoi Abraham devait-il se rappeler ?

1. L'Eternel lui avait demandé de renoncer à tout pour le suivre. Il lui a promis une postérité. Ge.12 : 1-3
2. Au moment où il fêtait ses cent ans et Rebecca ses quatre-vingt-dix ans, Isaac est né. Ge.21 :1-5
3. Là encore, il devait se rappeler la promesse de Dieu de faire de lui une grande nation. Ge.12 :2
4. Aujourd'hui, ce même Dieu lui réclame cet enfant en sacrifice. Avait-il une alternative ? Non. Abraham obéit sans réplique. Dès lors, Dieu lui donna son diplôme d'homme de foi et récupéra Isaac à sa facon. Ge.22 : 9-13

## III. Récompenses d'Abraham

1. Dieu s'appelle : Le Dieu d'Abraham, d'Isaac et de Jacob qu'on peut traduire ainsi :
Je suis le Dieu fidèle à ma promesse, le Dieu de l'agneau immolé, le Dieu qui sauve tous par la foi. Mt.22 : 32
2. Abraham a assisté au mariage d'Isaac mais il n'a jamais vu ses enfants. D'Ismaël, nous avons la nation arabe, d'Israël la nation juive. Ces deux fils d'Abraham, à eux seuls, ont peuplé le Moyen Orient et l'Extrême Orient.

## Conclusion

Dieu a fait de lui un grand. Enviez-vous le sort d'Abraham ? Ayez sa foi.

## Questions

1. Que fait Dieu pour éprouver notre foi ?
   Il nous met devant des situations difficiles pour nous obliger à compter que sur lui.

2. Qu'a-t-il demandé à Abraham ?
   De lui sacrifier son fils légitime et unique

3. Comment furent dissipées les hésitations d'Abraham ?
   Le même Dieu qui lui a donné un enfant quand il n'avait aucune espérance d'en avoir, peut opérer un miracle plus grand en sa faveur.

4. Et qu'est-il arrivé enfin ?
   Il obéit à Dieu sans réplique.

5. Comment Dieu l'a-t-il récompensé ?
   a. Il récupéra l'enfant.
   b. Il se nomme le Dieu d'Abraham et de sa postérité à venir.
   c. Abraham a pu assister au mariage d'Isaac.
   d. Le peuple juif est né.

## Leçon 12
## Consentir à n'être rien

**Textes pour la préparation** : Ex. 3 :9-10 ; 7 :7 ; 18 :3-4 ; No.12 :6-8 ; De.34 ;10-12 ; Ac.7 :22 ; 2Co.11 : 23-26 ; Ph.3 :5-8 ; He.11 :24-27 ;

**Texte à lire en classe** : Ga.2 :20-21

**Verset à mémoriser** : J'ai été crucifié avec Christ; et si je vis, ce n'est plus moi qui vis, c'est Christ qui vit en moi; si je vis maintenant dans la chair, je vis dans la foi au Fils de Dieu, qui m'a aimé et qui s'est livré lui-même pour moi. Ga. 2 :20

**Méthodes** : Discours, comparaisons, questions

**But :** Montrer l'obligation de se donner tout entier au Seigneur afin de croitre dans la grâce et la connaissance de Jésus-Christ.

### Introduction

Certaines figures bibliques deviennent légendaires vu leurs réalisations malgré leurs limitations. C'est là que l'Eternel fait son expertise et nous oblige à croire aux miracles.

### I. Qui était Moise ?
1. Un hébreu élevé par la reine Hatshepsout, la femme du pharaon Thoutmès II. He.11 :24
2. Il fut instruit dans toute la sagesse des Egyptiens, c'est-à-dire dans l'astrologie, la magie et les mathématiques. Ac.7 :22
3. Il refusa la gloire de l'Egypte pour suivre l'Eternel. He. 11 :25-27

a. Dieu a pris quarante ans pour le « refondre » Ex.7 :7 ; No.12 : 6 -8
   b. Il l'a employé ensuite pour libérer Israël du joug de pharaon. Ex. 3 : 9-10
4. A sa mort il n'a rien laissé d'héritage à ses deux enfants, Guershom et Eliezer. Ex.18 :3-4
Pourtant, Il était incomparable par les signes et les prodiges que Dieu l'envoya faire au pays d'Egypte. De. 34 :10-12

## II. Un Saul de Tarse
1. Pharisien orgueilleux, bigot, méchant et hostile au Christianisme. Ph.3 : 5-6
Pour le nom de Jésus-Christ, il a connu toutes les humiliations du monde par la prison, la bastonnade, le mépris, l'abandon et enfin la guillotine en l'an 67 sous l'empereur Néron. 2Co. 11 : 23-26
2. Cependant il a laissé aux églises, aux pasteurs et à tous, un trésor de treize livres canoniques grâce auxquels nous sommes édifiés sur le salut, le pardon, la révélation de Dieu et la puissance du Saint Esprit.
3. Et tout cela parce qu'il a renoncé à lui-même pour suivre et servir Christ. Ph.3 : 8

## Conclusion
Si vous devez laisser la planète aujourd'hui quel est votre héritage à la nation et aux Eglises ?

**Questions**
1. Qui était Moise ?
   a. Un hébreu élevé par la reine Hatshepsout, la femme du pharaon Thoutmès II
   b. Le Libérateur des hébreux du joug de pharaon.

2. Quel était son degré d'éducation ?
   Il connaissait l'astrologie, la magie et les mathématiques.

3. Combien de temps L'Eternel a-t-il pris pour le réduire ? Quarante ans

4. Qu'arrive -t-il en conclusion ?
   Il n'a plus paru d'homme aussi grand que lui sur la planète.

5. Qui était Saul de Tarse ?
   a. Un pharisien, orgueilleux, méchant et hostile au christianisme.
   b. Un missionnaire mondial
   c. Auteur de treize épitres aux Eglises et à des particuliers pour l'épanouissement du christianisme

6. Qu'est-ce-que Dieu avait fait pour le réduire ?
   a. Il l'a appelé d'une façon extraordinaire.
   b. Il l'a flagellé de souffrances.
   c. Dieu prend siège dans sa vie pour le diriger.

## Récapitulation des versets

1. Ainsi je connaîtrai Christ, et la puissance de sa résurrection, et la communion de ses souffrances, en devenant conforme à lui dans sa mort. Ph.3 :10a

2. C'est pourquoi je me plais dans les faiblesses, dans les outrages, dans les calamités, dans les persécutions, dans les détresses, pour Christ; car, quand je suis faible, c'est alors que je suis fort.

3. Heureux celui qui s'intéresse au pauvre ! Au jour du malheur l'Éternel le délivre. Ps.41 :1

4. Puis Samuel dit à Isaï: Sont-ce là tous tes fils? Et il répondit: Il reste encore le plus jeune, mais il fait paître les brebis. Alors Samuel dit à Isaï: Envoie-le chercher, car nous ne nous placerons pas avant qu'il ne soit venu ici.

5. Vous n'avez pas encore résisté jusqu'au sang, en luttant contre le péché. He.12 :4

6. Vous n'aurez point à combattre en cette affaire: présentez-vous, tenez-vous là, et vous verrez la délivrance que l'Éternel vous accordera. 2Ch.20 :17a

7. entretenez-vous par des psaumes, par des hymnes, et par des cantiques spirituels, chantant et célébrant de tout votre cœur les louanges du Seigneur. Ep.5 :19

8. C'est pourquoi, prenez toutes les armes de Dieu, afin de pouvoir résister dans le mauvais jour, et tenir ferme après avoir tout surmonté. Ep.6 :13

9. Aucune tentation ne vous est survenue qui n'ait été humaine, et Dieu, qui est fidèle, ne permettra pas que vous soyez tentés au-delà de vos forces; mais avec la tentation il préparera aussi le moyen d'en sortir, afin que vous puissiez la supporter.

10. Et voici, je mettrai des cordes sur toi, afin que tu ne puisses pas te tourner d'un côté sur l'autre, jusqu'à ce que tu aies accompli les jours de ton siège. Ez.4 : 8

11. Je le jure par moi-même, parole de l'Éternel ! parce que tu as fait cela, et que tu n'as pas refusé ton fils, ton unique, je te bénirai et je multiplierai ta postérité. Ge.22 :16-17a

12. J'ai été crucifié avec Christ ; et si je vis, ce n'est plus moi qui vis, c'est Christ qui vit en moi. Ga. 2 :20a

# TORCHE BRILLANTE

Volume 19 - Série 4

# L'ETERNEL, LE DIEU DES JEUNES

## Avant-propos

Au rappel minutieux de ses excès et de ses stupidités, la conscience de David était troublée au point qu'il implore la pitié de Dieu en lui demandant de passer un trait sur les fautes de sa jeunesse. Sans nul doute, Salomon son fils a fait des expériences semblables au point qu'il laisse aux jeunes un testament dont nous vous lisons un extrait :

« Jeune homme, réjouis-toi dans ta jeunesse, livre ton cœur à la joie pendant les jours de ta jeunesse, marche dans les voies de ton cœur et selon les regards de tes yeux ; mais sache que pour tout cela Dieu t'appellera en jugement. Mais souviens-toi de ton créateur pendant les jours de ta jeunesse, avant que les jours mauvais arrivent et que les années s'approchent où tu diras : Je n'y prends point de plaisir. Du reste, mon fils, tire instruction de ces choses ;

« Ecoutons la fin du discours : Crains Dieu et observe ses commandements. C'est là ce que doit faire tout homme. Car Dieu amènera toute œuvre en jugement, au sujet de tout ce qui est caché, soit bien, soit mal ». Eccl. 12 : 1-3, 14-16

Pasteur Renaut Pierre-Louis

## Leçon 1
## Dieu et un jeune de dix-sept ans

**Textes pour la préparation** : Ge. 15 :13 ; 35 :19 ; 37 : 5-11, 28-36 ; 39 :1-23 ;45 :5 ; 48 :1 ; Ex.12 :40 ; No.13 :8 ; Jo.1 :1-2
**Texte à lire en classe** : Ge.45 :1-8
**Verset à mémoriser** : Dieu m'a envoyé devant vous pour vous faire subsister dans le pays, et pour vous faire vivre par une grande délivrance.Ge.45 :7
**Méthodes :** Discours, comparaisons, questions
**But :** Montrer comment Dieu peut vous élever de manière à servir vos amis et vos ennemis sans discrimination.

### Introduction
Rien ne dit que la position d'ainé dans une famille donne droit à un rang privilégié dans la société. Dieu est la seule autorité dans ce domaine. L'exemple de Joseph en dit long. Pourquoi l'a-t-il distingué parmi les fils de Jacob ?

### I. Dieu est maitre souverain.
Il prévoit la destinée de tout homme. Ainsi, Il a programmé la vie de Joseph. Suivons de près :
1. Rang : Onzième d'une famille de douze garçons, encore enfant, il est orphelin de mère. Ge. 35 :19
2. Situations humaines :
    a. Hai de ses frères. Ge.37 :8
    b. Vendu comme esclave à des étrangers Ge.37 :28

      c. Faussement accusé par la femme de son maitre ; Ge.39 : 17-19
      d. Jeté en prison pour des années. Ge. 39 : 20
3. Situation spirituelle : Le Dieu souverain a accumulé ces épreuves pour fortifier ses muscles spirituels. Ge. 37 : 6-7, 9-11
4. Résultats : Ce Joseph est promu
      a. Vizir du pharaon, le maitre de l'Egypte. Ge.41 : 40-41
      b. Le sauveur de ses frères. Ge.45 :5

## II. Dieu maintient sa promesse.

1. A Abraham
La postérité d'Abraham possédera la Terre de Canaan après quatre cents ans dans un pays étranger. Ge.15 :13 ; Ex.12 :40
2. A Jacob
Joseph eut deux fils Manassé et Ephraïm, l'ancêtre de Josué, le fils de Nun. Ge.48 :1
C'est ce Josué, **arrière-petit-fils de Joseph** qui entra les fils de Jacob dans la Terre Promise. No.13 : 8 ; Jo.1 :1-2
**Le songe de Joseph est justifié**. Ge.37 :5-10

## Conclusion

Joseph est une figure de Jésus-Christ. Dieu l'a désigné pour sauver ses frères. Suivez ses traces et sauvez votre famille.

### Questions

1. Combien d'enfants mâles avait Jacob ? Douze

2. Dans quel rang était Joseph ? Il était le onzième.

3. Quelles étaient les circonstances particulières dans sa vie ?
    a. Il était orphelin de mère.
    b. Il était haï de ses frères qui l'ont vendu comme esclave.
    c. Faussement accusé par sa maitresse, il fut jeté en prison.

4. Comment Dieu l'a-t-il réhabilité ?
    a. Il lui a donné de l'endurance pour supporter les épreuves.
    b. Il est devenu le premier ministre à la cour de l'Egypte.
    c. Il a affranchi ses frères.

5. Pourquoi Dieu a-t-il agi ainsi à son endroit ?
Pour accomplir sa promesse à Abraham.

6. Donnez-en les détails
    a. Dieu a promis la Terre de Canaan aux fils d'Abraham.
    b. Joseph, fils de Jacob est l'ancêtre de Josué qui entra le peuple d'Israël dans la Terre Promise.

7. Que représente Joseph par rapport à la prophétie ?
Il est un type de Jésus-Christ.

## Leçon 2
### Dieu protège les moins de vingt ans.

**Textes pour la préparation** : No. 13 : 1-2, 26-33 ; 14 : 1-38
**Texte à lire en classe** : No.14 :1-10,29-30
**Verset à mémoriser** : os cadavres tomberont dans ce désert. Vous tous, dont on a fait le dénombrement, en vous comptant depuis l'âge de vingt ans et au-dessus, et qui avez murmuré contre moi. No.14 :29
**Méthodes** : Discours, comparaisons, questions
**But :** Montrer la compassion de Dieu envers les adolescents.

### Introduction
Quelle grande miséricorde ! quel acte paternel d'un Dieu bon et redoutable ! Il pardonne aisément la frivolité des mineurs dans le Désert !

### I. Que savaient-ils ?
1. Du côté des manifestants
   Ils étaient témoins du choix des espions envoyés par Moise pour explorer la terre de Canaan.No.13 : 1-2
   a. Ils écoutèrent le rapport de leur expédition en Canaan. No.13 : 26
   b. Ils écoutèrent leurs commentaires contradictoires et leur décision de retourner en Egypte plutôt que d'affronter les géants, les enfants d'Anak. No13 : 32-33 ; 14 :4

c. Ils participaient sans nul doute, à la manifestation du peuple contre le projet d'aller à Canaan. No.14 : 1-4
2. Du côté des fidèles serviteurs de Moise
   a. Ils écoutèrent les propos bienveillants de Josué et de Caleb sur la Terre Promise. No.14 :6-9
   b. Assurément, ils supportaient les rebelles dans leur décision de lapider Moise et Aaron. No.14 : 4
3. Du côté de l'Eternel
   a. Ils écoutèrent son verdict contre les rebelles. No.14 :12
   b. Ils écoutèrent la plaidoirie de Moise en faveur du peuple. No.14 : 15-19
   c. Ils respirèrent en entendant que le verdict de Dieu sur Israël **épargnera les moins de 20 ans**. No.14 :29-35
   Eux, ils entreront dans la Terre Promise

**II. Pourquoi l'Eternel les avait-il « épargnés » ?**
   1. Parce qu'ils étaient frivoles, en âge de crise.
   2. Les parents, récidivistes et fauteurs du trouble seront les seuls punis. No. 14 :22-23

**Conclusion**

Quand vous avez vos conflits à gérer avec de tiers, de grâce, n'y mêlez pas vos enfants pour qu'ils ne soient pas les victimes innocentes de votre inconduite.

## Questions

1. Que savaient les jeunes des grévistes dans le Désert du Sinaï ?
   a. Ils savaient que Moise avait envoyé douze explorateurs en Canaan.
   b. Ils ont eu les nouvelles de leurs rapports contradictoires à Moise.
   c. Ils auraient pu se mettre du côté des mécontents.

2. Qu'avaient-ils appris de l'Eternel ?
   a. Dieu a décidé de les exterminer tous dans le Désert.
   b. Seuls les moins de vingt ans entreront dans la Terre Promise.

3. Pourquoi cette discrimination ?
   Dieu veut fermer les yeux sur leur frivolité.

4. Que recommande l'auteur aux parents ?
   D'éviter de mêler leurs enfants à leur conflit

5. Pourquoi ? Pour qu'ils ne soient pas les victimes innocentes de leur inconduite.

## Leçon 3
## La patience de l'Eternel envers les moins de vingt ans

**Textes pour la préparation** : Jg. 6 :1-24 ; 8 :10
**Texte à lire en classe** : Jg.6 :12-21
**Verset à mémoriser** : Ne t'éloigne point d'ici jusqu'à ce que je revienne auprès de toi, que j'apporte mon offrande, et que je la dépose devant toi. Et l'Éternel dit: Je resterai jusqu'à ce que tu reviennes. Jg.6 :18
**Méthodes :** Discours, comparaisons, questions
**But :** Montrer la patience de Dieu envers les adolescents

### Introduction
Qui aurait cru qu'un Dieu si grand ait quitté le ciel pour venir diner avec un adolescent ? Ouvrons la Bible sur l'histoire de Gédéon.

### I. Qui était-il?
1. Un jeune homme de la tribu de Manassé
2. Il était patriote et craignait l'Eternel.
3. Il souffrait de la colonisation des madianites. Jg.6 :11-15

### II. Quelle fut son expérience spirituelle ?
1. Tandis qu'il protégeait ses récoltes des madianites, l'Ange de l'Eternel l'interpella : « L'Eternel est avec toi vaillant héros ! » Jg.6 :12
2. L'Ange accepta d'attendre que Gédéon lui préparât à manger. Jg.6 :18

       a. Il lui apprêtait un repas du midi : un chevreau, du jus et du pain. Jg.6 :19
       b. Malgré le temps prolongé pour la préparation du menu, le visiteur attendait patiemment. Il mangea puis disparut. Jg.6 : 20-21
  3. Gédéon recevait le Maitre de l'univers sans le savoir. Jg.6 :22-23

## III. Comment fut-il récompensé ?
1. L'Ange de l'Eternel le nomma chef d'une armée de trois-cent soldats de troupe. Jg.6 :14 ; 7 :7
2. Il libéra Israël par l'extermination de cent-vingt mille madianites. Jg.8 :10

## IV. Leçons à tirer
1. Dieu peut s'associer à n'importe quel jeune. Il lui suffit d'être obéissant. Gédéon avait bâti un autel à l'Eternel et y a sacrifié deux taureaux, signe de sa consécration. Jg.6 :22-26
2. Recevoir à manger un visiteur du ciel est un honneur sans pareil. Jg.6 :21
3. Dieu peut vous attendre jusqu'à votre sortie du collège, jusqu'à votre mariage ou votre premier emploi pour le bénir et le servir. Jg.6 :18

**Conclusion**

Jeunes, que le Seigneur vous trouve occupés à une cause pour qu'il vienne manger avec vous.

## Questions

1. Quel était le plus grand privilège de Gédéon ?
   a. Que l'ange de l'Eternel ait quitté le ciel pour venir lui parler.
   b. Qu'il ait à lui servir à manger.

2. Qui était Gédéon ?
   Un jeune homme mais patriote, de la tribu de Manassé

3. Quelle fut son expérience spirituelle ?
   a. L'Ange de l'Eternel lui donne un certificat attestant qu'il est un héros.
   b. Il accepte de manger de sa main.
   c. Il accepte d'attendre ce repas peu importe le délai de la préparation.

4. Comment fut-il récompensé ?
   a. L'Ange de l'Eternel le nomma chef d'une armée de trois-cent soldats.
   b. Gédéon libéra son peuple.

5. Que pouvons-nous en déduire ?
   a. Dieu peut s'associer à n'importe quel jeune pourvu qu'il soit obéissant.
   b. Dieu peut venir manger avec nous si nous l'y invitons.
   c. Il est patient pour nous attendre dans l'accomplissement de nos vœux.

## Leçon 4
## Les sept tresses de Samson

**Textes pour la préparation** : Jg.13 : 1-7 ; 14 : 3, 16-17 ; 16 : 4-11 ; 16 : 16-20 ; Ph.4 :8 ;1Pi.2 :11 ;
**Texte à lire en classe** : Jg.16 :15-21
**Verset à mémoriser** : Et il se réveilla de son sommeil, et dit: Je m'en tirerai comme les autres fois, et je me dégagerai. Il ne savait pas que l'Éternel s'était retiré de lui. Jg.16 :20b
**Méthodes :** Discours, comparaisons, questions
**But :** Montrer que notre légèreté dans la vie chrétienne rend service à Satan.

**Introduction**
Savez-vous que Dieu a concentré toute la force d'un jeune homme dans ses sept tresses de cheveux ? Samson, présentez-vous !

### I. Le voici :
Le rasoir ne passera pas sur sa tête, signe de sa consécration et du secret de sa force pour libérer Israël du joug des philistins. Jg. 13 :5

Que représentaient ces sept tresses ?
1. La maitrise de soi
    a. Vous devez éviter les passions charnelles qui font la guerre à l'âme.  1Pi.2 :11
2. La dignité
   Ne pas l'avoir c'est perdre sa liberté. Ph.4 : 8

3. La discrétion

a. C'est une tresse qui fait honneur. Malheureusement Samson cache ses secrets à ses parents ; mais il les révèle à une femme.
   Jg 14 :16-17
   b. Et plus tard, à Delila pour son malheur.
   Jg. 16 :16-19
4. La réputation
   Cette tresse devrait être portée du berceau au tombeau. Jg 16 : 1, 4
   Samson a connu des déviations par sa relation sans réserve
   a. Avec une païenne. Jg.14 :3
   b. Avec une prostituée. Jg. 16 : 1
   c. Avec la traitresse Delila. Jg. 16:4
      Toutes, des ennemies d'Israël.
5. L'éducation religieuse.
   Samson était voué à être consacré à l'Eternel, la source de sa force. Jg. 13 :5
6. L'instruction
   Si haut placé qu'il fut dans la hiérarchie sociale et religieuse d'Israël, il manquait de sagesse.
7. La crainte de Dieu
   a. Cette tresse devrait dominer la vie de tous les jeunes.
   b. Samson a perdu ses sept tresses en croyant en lui-même. Jg.16 : 19-20

**Conclusion**

N'ayez rien à vendre pour n'avoir rien à perdre. Puisez votre force dans le sang de Jésus et Delila ne vous séduira pas.

## Questions

1. Où résidait la force de Samson ? Dans les sept tresses de sa tête.

2. Quelle était l'ordre de l'Eternel à l'égard de ces sept tresses ? Le rasoir ne doit jamais passer sur sa tête.

3. D'où vient la chute de Samson ?
   a. Il a livré son secret à l'ennemi.
   b. Il a eu confiance en sa force.

4. Que représentait ces sept tresses ?
   La maitrise de soi, la dignité, la discrétion, la réputation, l'éducation religieuse, l'instruction et la crainte de Dieu.

5. Vrai ou faux
   a. Pour être fort, il faut avoir de longs cheveux __V __ F
   b. On peut être plus fort que Samson si on a dix tresses. __V__F
   c. Les tresses de Samson étaient soignées à l'huile parfumée. C'est pourquoi il était fort. __ V __ F
   d. L'efficacité des tresses résidait dans l'obéissance à la volonté de Dieu. __ V __ F
   e. On finira mal dans la relation avec des non-chrétiens. __V __ F

## Leçon 5
## Promotion d'un moins de vingt ans

Textes pour la préparation. 1S. 9 : 1-27 ; 10 :1-16
**Textes pour la préparation** : 1S.9 :1-27 ; 10 :1-16 ;
**Texte à lire en classe** : 1S.9 :17-27
**Verset à mémoriser** : Samuel prit une fiole d'huile, qu'il répandit sur la tête de Saül. Il le baisa, et dit : L'Éternel ne t'a-t-il pas oint pour que tu sois le chef de son héritage ? 1S.10 :1
**Méthodes :** Discours, comparaisons, questions
But: Montrer que l'obéissance est l'escalier qui mène à la gloire.

### Introduction
L'obéissance d'un enfant à ses parents lui réserve des surprises extraordinaires. Saul n'avait jamais rêvé d'un brillant avenir. Pourtant, son humilité va le placer au trône d'Israël.

### I. Quelle était la preuve de sa soumission ?
1. Kis, le père de Saul, l'envoya battre la savane pour lui retrouver ses ânesses égarées. 1S.9 :1-3
2. Après trois jours de recherches infructueuses, il alla trouver le prophète Samuel, appelé encore le voyant, le seul capable de localiser les ânes. 1S.9 :6-9
3. En saluant l'homme de Dieu, il lui tendit une offrande ; un geste auquel beaucoup de jeunes n'auraient pas pensé. 1S.9 :7-8

Mais l'Eternel suivait de près toutes ses actions : Il avait avisé « le voyant » du devenir de Saul. 1S.9 : 15-17, 19

## II. Que lui en vaut cette visite au prophète ?

1. Si Saul n'a pas trouvé les ânes, Dieu a trouvé un roi. 1S.9 :20
2. L'homme de Dieu l'invita chez lui et lui assigna la place d'honneur à la table des conviés. 1S.9 : 22
3. La portion privilégiée lui est servie sans qu'il en sût le pourquoi. 1S.9 :23-24
4. Le prophète l'invita sur le toit pour un entretien secret. Quel privilège ! 1S.9 : 25
« Saul sera trôné premier roi d'Israël ! ». 1S.10 :1
5. Avant de rentrer chez lui, il devait suivre les instructions du prophète sur la royauté. Ce qu'il fit à la lettre. 1S.10 :2-5
6. Dès lors son cœur était changé. Il n'avait qu'à attendre sa couronne. 1S.10 :9

## Conclusion

Voilà où l'obéissance d'un jeune le mène. Pouvez-vous imiter Saul jusqu'à ce point ?

## Questions

1. Prouvez que Saul était soumis à son père.
   a. Son père l'envoya battre la savane pour retrouver ses ânes. Il obéit sans réplique.

b. Il passa vainement trois jours dans cette recherche sans se plaindre de quoi que ce soit.

2. Que fit-il pour retrouver les ânes égarés ?
   Il alla consulter le prophète Samuel.

3. Quel était le surnom du prophète ? Le voyant

4. Que lui a valu cette visite au prophète ?
   a. Tandis que Saul cherche des ânes, Dieu cherche un roi.
   b. Samuel l'invita à un diner d'honneur.
   c. Il le consacre enfin premier roi d'Israël.
   d. Il lui donne les signes indicatifs de sa promotion.

5. Vrai ou faux
   a. L'enfant doit recevoir une récompense pour chaque service rendu à ses parents. __V__F
   b. L'enfant doit obéir sans espérer recevoir une récompense. __ V __ F
   c. L'enfant doit faire une liste des services rendus à ses parents pour recevoir un salaire. _ V _ F
   d. Dieu sait comment récompenser un enfant obéissant. __ V __ F

## Leçon 6
## L'audace d'un jeune intrépide

**Textes pour la préparation** : 1S.13 : 15-23 ; 14 :1-27, 43-45
**Texte à lire en classe** : 1S.14 :1-10
**Verset à mémoriser** : Peut-être l'Éternel agira-t-il pour nous, car rien n'empêche l'Éternel de sauver au moyen d'un petit nombre comme d'un grand nombre. 1S.14 :6b
**Méthodes :** Discours, comparaisons, questions
**But :** Montrer que l'obéissance due à Dieu subordonne celle due aux parents.

**Introduction**
Jonathan, le fils de Saul déployait une fougue extraordinaire quand il s'agissait d'attaquer l'ennemi. Influencé par sa jeunesse, il va prendre une décision qui tient de la folie. Qu'en était-il ?

**I. Israël pliait sous la domination des philistins**
1. Ces ennemis-là les empêchèrent de fabriquer des épées et des lances. 1S.13 :19
2. Pour les provoquer, les philistins ont établi un poste de surveillance à Micmasch, un passage stratégique. 1S.13 :23

**II. La réflexion de Jonathan**
1. Il ne veut pas être asphyxié militairement par les philistins.
    a. Il agira sans consulter ni son père ni le sacrificateur. 1S. 14 : 1-3

    b. Il croit en l'Eternel qui peut sauver au moyen d'un petit nombre comme d'un grand nombre. 1S.14 : 6
    c. Il croit qu'une bataille contre des incirconcis est déjà gagnée. Il ne lui manque que des signes à venir de l'Eternel. 1S.14 : 6, 9-10
2. Avec cette force à l'appui de sa jeunesse, il s'aventura jusqu'au poste des philistins. 1S.14 :6

### III. La décision de Jonathan
1. Il engagea la bataille contre les philistins et en tua une vingtaine. Cette victoire partielle créa la panique dans les rangs ennemis 1S.14 : 14-15
2. Les sentinelles de Saul lui rapportèrent la nouvelle. C'est alors que Saul remarqua l'absence de Jonathan, le héros de cet affrontement. 1S.14 : 17
3. Il vint à la rescousse et battit les philistins à plates coutures. 1S.14 :18-23
4. Cependant Jonathan désobéit sans le savoir à une décision de son père qui, pour cette raison, décida de le sacrifier. Il eut la vie sauve grâce a l'intervention du peuple. 1S.14 :24-27, 43-45

### Conclusion
Jeunes, malgré vos folies, Dieu vous aime et vous protège. Seulement, évitez les excès.

**Questions**

1. Qui était Jonathan ? Il était fils de Saul.

2. Qu'est-ce-qui dominait son esprit ? Israël pliait sous la domination des philistins et il lui menait la vie dure.

3. Que fit-il sans le consentement de ses parents ? Il engagea une bataille contre les philistins

4. Sur quoi s'était-il appuyé pour agir ainsi ?
   Il croit que l'Eternel peut sauver avec un grand nombre tout comme avec un petit nombre.

5. Quand Saul s'était-il aperçu de l'absence de Jonathan ? Sous le rapport des sentinelles

6. Que pouvons-nous déduire de tout cela ? L'obéissance due à Dieu subordonne celle due aux parents.

## Leçon 7
## Jeune berger promu roi

**Textes pour la préparation** : 1S. 16 :7 ; 17 : 28-29 ; Ps.23 :1-6 ; 25 :7 ; 34 :2 ; 51 : 6 ;121 : 1 ; 130 :3-4 ; Lu.18 :38

**Texte à lire en classe** : 1S.16 :1-13

**Verset à mémoriser** : Isaï l'envoya chercher. Or il était blond, avec de beaux yeux et une belle figure. L'Éternel dit à Samuel : Lève-toi, oins-le, car c'est lui! 1S.16 :12

**Méthodes :** Discours, comparaisons, questions

**But :** Jeune, rien ne peut empêcher ton étoile de briller si tu remets ton destin entre les mains de Dieu.

### Introduction
Jeune, écoutez le message de l'Ecclésiaste : « Tout ce que ta main trouve à faire, fais-le. Certainement, Salomon l'a appris de David, son père. Comment David avait-il géré sa jeunesse ?

### I. **Voyons son programme** :
1. Il était un jeune berger.
    a. De là, il a appris le comportement des brebis, la manière de les soigner et de les défendre. 1S.17 :34-35
    b. Quand il dit « l'Eternel est mon berger. » Il sait de quoi il parle. Ps.23 :1

2. Il était musicien
   La musique était le divertissement favori des bergers. Dans la suite, il mettra en chanson toutes les circonstances de sa vie et les résume dans soixante-treize psaumes. Ps.34 :2
3. Il était très charnel
   a. Sa volupté était indomptable quand il s'agissait de séduire une femme, fut-elle mariée.
   b. Il supplia l'Eternel de ne pas s'en souvenir ; autrement il ne pourra subsister. Heureusement, Dieu nous inspire la crainte par le pardon gratuit qu'il nous donne.
      Ps. 25 : 7 ; 130 : 3-4

II. **Voyons son devenir**
   1. Quoique méprisé dans sa famille, Il était aimé de l'Eternel à cause de sa foi. 1S.16 :7 ; 17 : 28-29
   2. Il louait Dieu dans les bons jours comme dans les mauvais jours. Ps.34 :2
   3. Jamais il n'a recherché le secours des hommes ni des dieux. Ps.121 :1
   4. Il admettait ses fautes et demandait pardon à Dieu. Ps.51 : 6
   5. Le jeune David fut promu roi et est devenu un ancêtre de Jésus-Christ. Lu. 18 : 38

**Conclusion**

Jusqu'à la blanche vieillesse, David ne connaissait que son Dieu. Jeune, suis son exemple.

**Questions**

1. Qui était David ? Un jeune berger, musicien mais très charnel.

2. Que peut-on dire de ses expériences comme berger ? Il a appris le comportement des brebis, la manière de les soigner et de les défendre.

3. Quel était son passe-temps préféré ?
   La musique
4. Quel était son point fort dans la vie spirituelle ?
   a. Il reconnait ses torts et les confesse à Dieu.
   b. Il aimait l'Eternel et le louait en tout temps.
   c. Berger, il appelait l'Eternel son Berger.

## Leçon 8
## Un enfant promu prophète

**Textes pour la préparation** : Je.1 : 1-19 ; 2 :1-14 ; 3 :14 ; 10 :21 ; 9 :1-5 ; 17 :5 ; 16 :1 ; 20 :1-2 ; 23 :27-29 ; 25 :11 ; 32 : 6-15 ; Ne12 :12
**Texte à lire en classe** : Je.1 :4-10
**Verset à mémoriser** : Avant que je t'eusse formé dans le ventre de ta mère, je te connaissais, et avant que tu fusses sorti de son sein, je t'avais consacré, je t'avais établi prophète des nations. Je.1 : 5
**Méthodes** : Discours, comparaisons, questions
**But** : Montrer que la destinée de tout homme est entre les mains de l'Eternel

### Introduction
Rien qu'à suivre le dialogue entre Dieu et Jérémie, nous voyons que l'Eternel a le sens de l'humour. Comment a-t-il fait d'un enfant un prophète, surtout dans un milieu hostile ?

### I. Considérons l'éducation de Jérémie
1. Dieu l'a *établi* prophète international avant sa naissance. Je.1 : 5
2. Il lui prescrivit le célibat. Je.16 : 2
3. Il mit les paroles dans sa bouche. Je. 1 : 6-9
4. Il mit les hommes et les circonstances sous ses pieds. Je.1 :10,17-19

### II. Les messages de Jérémie
1. Il blâmait l'apostasie de Juda. Je.2 : 11 ; 7 :30
2. Il appelait Israël à la repentance. Je.3 :14

3. Il blâmait le comportement des bergers. Je.10 :21
4. Il nous met en garde contre tous les hommes, y compris nos amis. Je. 9 :4-5 ; 17 : 5
5. Il dénonça les prophètes qui prêchent leurs visions et cachent la vérité au peuple. Je. 23 :27-29
6. Il prophétisa la captivité babylonienne de Juda qui va durer soixante-dix ans. Je. 25 : 11

### III. Les épreuves de Jérémie
1. Pour avoir dit la vérité,
    b. Il fut maltraité et mis en prison. Je.19 :14-15 ; 20 : 1-2 ;
    c. Il fut ensuite jeté dans une citerne. Je.38 :1-7
2. Dieu lui dit d'acheter un champ à Anathoth avant de partir pour soixante-dix ans d'exil. Je.32 : 6-15

    Dieu l'a préservé et le voilà de retour après tout ce temps-là en compagnie d'Esdras ! Ne.12 :12

### Conclusion

Qui sait jeune, si Dieu ne vous a pas choisi pour une mission spéciale ! Votre âge n'est pas une excuse. Dieu aime les jeunes. Il vous aime. Allez-y !

### Questions
1. Pourquoi, disons-nous, que l'Eternel a le sens de l'humour ? D'un enfant, il en a fait un prophète.

2. Comment s'y prend t-il ?
    a. Il l'a choisi pour cette position avant sa naissance.
    b. Il lui prescrit le célibat.
    c. Il met sa parole dans la bouche de l'enfant.
    d. Il le met en état de dominer les hommes et les circonstances.
3. Quelle était la tache de Jérémie ?
    a. Dénoncer l'apostasie de Juda.
    b. Appeler Israël à la repentance.
    c. Blâmer le comportement des bergers.
    d. Nous mettre en garde contre tous les hommes y compris nos amis.
    e. Dénoncer les faux prophètes
    f. Prophétiser la captivité babylonienne de Juda.
4. Quelles furent les épreuves qu'il devait subir ?
    Il fut jeté en prison puis dans une citerne et réduit à survivre de pain et d'eau.
5. Quelle fut sa récompense ?
    a. La protection de Dieu pour lui et pour ses biens pendant les soixante-dix ans de captivité.
    b. Récupération de sa terre achetée avant la captivité.
6. Quel message nous laisse Jérémie ?
    On n'est jamais trop jeune pour servir Dieu.

## Leçon 9
## Jean, le disciple que Jésus aimait

Textes pour la préparation: Mt. 17:1; 26:56; Lu. 9: 52-56; Jn. 13:25; 14 :6 ; 19 : 25-27 ; 20 : Ac.8 :14-17 ; Ap.22 :7-8

**Texte à lire en classe** : 2Jn.1-6

**Verset à mémoriser** : Je n'ai pas de plus grande joie que d'apprendre que mes enfants marchent dans la vérité.3Jn.4

**Méthodes :** Discours, comparaisons, questions

**But :** Mettre l'accent sur la relation du chrétien sincère avec son Dieu

### Introduction
Devons-nous être jaloux de Jean, le disciple que Jésus aimait ? Pourquoi pas Pierre ou un autre ?

### I. Jean était sincère.
1. Dans ses écrits, Il cite Jésus vingt-neuf fois comme La Vérité, soit plus que tous les apôtres réunis. Jn.14 :6
2. Lui seul a bravé le tribunal pour être avec Jésus jusqu'au bout. Tous les autres ont pris la fuite. Mt. 26 :56
3. Il était le seul à qui Jésus pouvait confier sa mère avant de mourir. Jn.19 : 25-27
4. Il s'empressait d'aller au sépulcre pour constater la résurrection de son Seigneur. Jn.20 : 4

## II. Jean était humble.

Il accepta humblement l'exhortation du Seigneur et s'obligea à réparer son erreur quand il allait évangéliser ceux-là qu'il voulait détruire. Lu.9 : 52-56 ; Ac. 8 :14-17

## III. Jean était aimable

1. Compagnon de prière du Seigneur. Mt.17 : :1
2. Compagnon d'intimité du Seigneur, il s'appuyait sur son sein pour manger et Il n'hésita pas à lui demander de lui dénoncer le traitre Jn.13 :25

## IV. Son influence

Il était le dernier survivant du collège apostolique. Ap.22 :7-8

Ses messages sont les plus prisés aujourd'hui.

## V. **Questionnaire sur un Christianisme à réformer**

1. Prenez-vous la Bible comme l'Unique Vérité pour votre salut et celui de tous les pécheurs indistinctement ?
2. Prenez-vous au sérieux la prière pour la nourriture, sachant que vous mangez avec Jésus ?
3. Allez-vous gérer les biens de L'Eglise et la doctrine chrétienne avec autant de soins que Jean prenait pour s'occuper de la mère du Seigneur ?

## Conclusion

Voilà pour la Réformation ! Acceptez-vous cette réforme ?

**Questions**
1. Pourquoi était-il surnommé « Le disciple que Jésus aimait ? »
   Il était sincère, humble et aimable.

2. Justifiez sa sincérité
   a. Dans ses écrits Il cite Jésus vingt-neuf fois comme La Vérité, soit plus que tous les apôtres réunis.
   b. Lui seul a bravé le tribunal pour être avec Jésus jusqu'au bout quand tous avaient pris la fuite.
   c. Il était l'homme de confiance de Jésus.
   d. Il s'empressait d'aller au sépulcre pour constater la résurrection de son Seigneur.

3. Justifiez son humilité
   Il accepta humblement l'exhortation du Seigneur.
   Il s'obligea à se rendre en Samarie pour évangéliser ceux-là qu'il voulait détruire.
4. Justifiez son amabilité
   Il était un compagnon intime de Jésus.
   Il n'hésitait pas à lui poser des questions intimes.
5. Quelle est son influence dans le Christianisme ?
   Il est, après l'apôtre Paul, celui qui a le plus écrit.
6. Qu'est-ce-qu'il nous faut reconsidérer ?
   Notre facon de gérer les affaires de Dieu
   Notre facon de prier pour la nourriture.

## Leçon 10
## Thanksgiving

Textes pour la préparation: Es. 37 : 36-38 ; 38 : 1-22
**Texte à lire en classe** : Es.38 :16-22
**Verset à mémoriser** : Le vivant, le vivant, c'est celui-là qui te loue, Comme moi aujourd'hui. Es.38 :19a
**Méthodes :** Discours, comparaisons, questions
**But :** Exprimer notre reconnaissance envers Dieu après notre convalescence.

**Introduction**
Quand Dieu nous bénit, le premier geste qu'il attend de nous est la louange. Le roi Ezéchias l'a compris et s'exécuta.

### I. Pourquoi a-t-il loué l'Eternel ?
1. **Première raison** :
   a. Dieu a sauvé son trône et le royaume de Juda de la main de Sanchérib, roi d'Assyrie. Es.37 :36-38
   b. Ezéchias en est sorti avec le butin considérable abandonné sur le champ de bataille par cent-quatre-vingt-cinq mille soldats. C'était la coutume d'y apporter avec soi toutes ses richesses. Es. 37 :36
   c. Son premier geste serait de se rendre au temple pour célébrer cette victoire et y apporter les dimes et les offrandes du butin ramassé. **Il ne l'a pas fait** !

## II. Deuxième raison

1. L'Eternel vient de le frapper d'une maladie subite et mortelle. Tout l'espoir de jouir de ces biens ou d'avoir un héritier compétent pour gérer cette fortune, était envolé. Es. 38 :1
2. L'Eternel lui demanda d'écrire son testament olographe avant de mourir. Es. 38 : 1
3. Voyons l'état d'âme du roi Ezéchias :
   a. Il vient à peine d'être millionnaire.
   b. Son royaume serait bientôt restauré.
   c. La mort vient trop tôt pour mettre fin à tous ses rêves. Es.38 :1-2
   d. Alors, il pleura et évoqua sa fidélité à l'Eternel. Es. 38 : 3
   e. L'Eternel le sauva et lui donna une extension de quinze ans. Es.38 : 5

## III. Son attitude au moment de la convalescence

1. Il loue l'Eternel dans le temple. Es.38 :20
2. Il proclame que tous les êtres vivants doivent louer l'Eternel. Es. 38 : 19

## Conclusion

L'expérience d'Ezéchias doit vous suffire. Chrétiens, conformez-vous.

## Questions

1. Qu'attend Dieu de nous après avoir été l'objet de ses grâces ? La louange

2. Dans cette leçon, qui loue l'Eternel ?
Le roi Ezéchias

3. Pourquoi ? Pour sa victoire sur Sanchérib

4. Pourquoi l'Eternel le frappe-t-il d'une maladie mortelle et lui envoie-t-il un préavis de décès ?
   a. Parce qu'il tardait à louer l'Eternel après sa victoire.
   b. Sans doute était-il occupé à contrôler son immense fortune recueillie après cette victoire sur Sanchérib ?

5. Quelle a été son attitude à la convalescence ?
Il loue l'Eternel .

6. Qu'est-ce-qu'un testament olographe ?
Un testament écrit en entier, daté et signé de la main même du testateur

## Leçon 11
## Pourquoi j'aime ma Bible

**Textes pour la préparation** : Ps.19 :7 ; 23 :1 ; 91 :1 ; 119 :105 ; Mt. 16 :18 ; 18 :20 ; 24 :35 ; Jn.1 :14 ; 6 :63 ; 14 : 6 ; 15 :13 ; Ep.1 :17 ; He.8 :11
**Texte à lire en classe** : Ps.119 : 9-16
**Verset à mémoriser** : Comment le jeune homme rendra-t-il pur son sentier? En se dirigeant d'après ta parole. Ps.119 :9
**Méthodes :** Discours, comparaisons, questions
**But :** Présenter la Bible comme le Livre incomparable

**Introduction**
Pourquoi aimes-tu la Bible ? Voilà une question pertinente qu'un individu me posa un jour. Quoi de plus facile à lui répondre :

**I. La Bible est différente de tous les autres livres.**
1. Elle n'est d'aucune religion. Elle est la Parole de Dieu révélée aux hommes. Jn.1 :14
2. Elle traite du plan de Dieu pour l'homme sur la terre et dans le monde à venir. Jn.6 :63
3. Tous les livres peuvent être démodés. Tant que Dieu ne décide de la fin de l'homme pécheur sur cette planète, la Bible sera à la mode. Mt.24 : 35
Le ciel et la terre passeront, la Bible ne passera pas. Mt.24 :35

4. C'est le livre de la famille que Dieu recommande pour qu'il reste au milieu de nous. Mt. 18 :20

**II. Ce qu'elle offre de garantie au chrétien**
1. C'est son système de défense contre les forces visibles et invisibles. Ps.91 :1 ; Mt.16 :18
2. C'est sa Sécurité Sociale, son assurance de vie et de maladie qu'il peut jouir personnellement. Ps.23 :1
3. C'est son professeur. Il suffit d'invoquer Dieu et de l'ouvrir pour que le Saint Esprit soit déjà là pour le conduire dans toute la vérité. Jn.15 :13
4. C'est son guide pour l'amener au ciel. Jn.14 :6
   A l'Ecole de la Bible, on ne connait pas de sot :
   a. Sa Parole rend sage l'ignorant. Ps.19 : 7b.
   b. Elle donne un esprit de sagesse et de révélation dans la connaissance de Dieu. Ep.1 :16

**Conclusion**
Pour votre salut, pour vos affaires, pour votre mariage, pour votre destinée, pour votre paix, votre joie et votre sécurité, lisez la Bible ! Ps.119 :105

**Questions**
1. Quelles sont les raisons pour lesquelles on doit aimer la Bible ?
    a. Elle est exceptionnelle
    b. Elle n'est d'aucune religion.
    c. C'est la parole de Dieu révélée aux hommes.
    d. C'est le livre de la famille recommandé par Dieu pour qu'il reste au milieu de nous.
    e. Elle traite du plan de Dieu pour l'homme sur la terre et dans le monde à venir.
    f. Elle est toujours actuelle.
2. Qu'est-ce-que la Bible offre-t-elle au chrétien ?
    a. Un système de défense contre les forces visibles et invisibles.
    b. La Sécurité Sociale, l'assurance de vie et de maladie qu'il peut jouir personnellement.
    c. L'enseignement pour le conduire dans toute la vérité.
    d. Le guide pour l'amener au ciel.
3. Quelle est la prescription pour le salut ? La Bible
4. Quelle est la garantie pour un mariage heureux ? La Bible
5. Comment conserver la paix dans la famille ? Par la lecture de la Bible
6. Quel est le secret pour vivre en sécurité ? La méditation de la Bible.
7. Vrai ou faux
    a. La Bible est un livre de science. __ V __ F
    b. La science confirme la Bible. __ V __ F
    c. La Bible est le Livre de Dieu. __ V __ F

## Leçon 12
## Comment fêter La Noël

**Textes pour la préparation** : Ha.2 :6 ; Mt.6 :18 ; Jn. 1 :14 ; 6 :12 ; 12 :31 ; Lu.2 :7- 14 ; 4 : 18 ; 19 :10 ; Ap.21 :3
**Texte à lire en classe** : Jn.1 : 1-14
**Verset à mémoriser** : Et la parole a été faite chair, et elle a habité parmi nous, pleine de grâce et de vérité.
Jn .1 : 14
**Méthodes** : Discours, comparaisons, questions
**But** : Dégager la vraie signification de la Noël

### Introduction
Quand vous voyez les gens décorer leurs maisons, aller de magasin en magasin et les enfants avec des jouets, vous dites : C'est Noël. Comment devrait-on fêter la Noël ?

### I. Ce qu'elle n'est pas ?
1. Elle n'est pas la fête des enfants ni d'échange de cadeaux entre des amis au nom de Jésus qui n'en reçoit pas.
2. Elle n'est pas non plus le temps de dépenses folles pour jeter des familles dans la disette. Hab. 2 : 6
3. Jésus est contre le gaspillage. Jn.6 : 12

## II. Ce qu'elle est
1. C'est la fête de la réconciliation de Dieu aux fils d'Adam, la venue du Messie pour sauver le monde. Lu.4 : 18 ; 19 :10 ; Jn. 1 : 14
2. Jésus vient dans l'endroit le plus bas pour se rendre accessible à tous. Lu.2 :7
3. C'est la fête de la consolation aux pauvres, aux orphelins et aux veuves. Lu.4 : 18
4. C'est le jour de la réhabilitation des aveugles des boiteux. Lu.4 : 18

## III. Ce qu'elle annonce :
1. La paix pour tous les hommes de bonne volonté. Lu.2 : 14
2. La joie pour tous les hommes qui cherchent un Sauveur. Lu.2 :11
3. La fin de la planète et le jugement de Satan le Diable. Jn.12 :31
4. Le mariage de Christ avec l'Eglise. Mt.16 :18 ; Ap.21 :3

## Conclusion
Fêtez la Noël. Le ciel est dans cette fête. Fêtez bien.

**Questions**

1. Comment décrire une déformation de la Noël ?
   On limite la Noël aux dépenses pour les décorations et les jouets des enfants.

2. Dites ce que la Noël n'est pas.
   a. Ce n'est pas la fête des cadeaux au nom de Jésus qui n'en reçoit pas.
   b. Ce n'est pas une occasion de s'endetter dans des dépenses folles.

3. C'est quoi la Noël ?
   a. C'est la commémoration de la venue du Sauveur.
   b. C'est l'annonce de la restauration de l'humanité perdue.
   c. C'est l'espoir de réhabilitation des aveugles, des boiteux, des opprimés des veuves et des orphelins.
   d. C'est la fête des humbles et l'annonce du salut aux perdus.
   4. Que préconise-t-elle ?
      a. La paix pour tous les hommes de bonne volonté
      b. Une grande joie pour tous.
      c. L'annonce de la fin de notre planète et le jugement de Satan le Diable
      d. L'annonce du mariage de Christ avec son Eglise

### Récapitulation des versets

1. Dieu m'a envoyé devant vous pour vous faire subsister dans le pays, et pour vous faire vivre par une grande délivrance. Ge. 45 :7

2. Vos cadavres tomberont dans ce désert. Vous tous, dont on a fait le dénombrement, en vous comptant depuis l'âge de vingt ans et au-dessus, et qui avez murmuré contre moi. No.14 :29

3. Ne t'éloigne point d'ici jusqu'à ce que je revienne auprès de toi, que j'apporte mon offrande, et que je la dépose devant toi. Et l'Éternel dit: Je resterai jusqu'à ce que tu reviennes. Jg.6 :18

4. Samson se réveilla de son sommeil, et dit: Je m'en tirerai comme les autres fois, et je me dégagerai. Il ne savait pas que l'Éternel s'était retiré de lui. Jg.16 :20b

5. Samuel prit une fiole d'huile, qu'il répandit sur la tête de Saül. Il le baisa, et dit: L'Éternel ne t'a-t-il pas oint pour que tu sois le chef de son héritage? 1S.10 :1

6. Jonathan dit au jeune homme qui portait ses armes: Viens, et poussons jusqu'au poste de ces incirconcis. Peut-être l'Éternel agira-t-il pour nous, car rien n'empêche l'Éternel de sauver au moyen d'un petit nombre comme d'un grand nombre. 1S.14 :6

7. Isaï l'envoya chercher. Or il était blond, avec de beaux yeux et une belle figure. L'Éternel dit à Samuel: Lève-toi, oins-le, car c'est lui! 1S.16 :12

8. Avant que je t'eusse formé dans le ventre de ta mère, je te connaissais, et avant que tu fusses sorti de son sein, je t'avais consacré, je t'avais établi prophète des nations. Je.1 :5

9. Je n'ai pas de plus grande joie que d'apprendre que mes enfants marchent dans la vérité. 3Jn.4

10. Le vivant, le vivant, c'est celui-là qui te loue, Comme moi aujourd'hui; Le père fait connaître à ses enfants ta fidélité. Es.38 :19a

11. Comment le jeune homme rendra-t-il pur son sentier? En se dirigeant d'après ta parole. Ps.119 :9

12. Et la parole a été faite chair, et elle a habité parmi nous, pleine de grâce et de vérité; et nous avons contemplé sa gloire, une gloire comme la gloire du Fils unique venu du Père. Jn.1 :14

## Feuille d'évaluation

1. Quelle partie de ces 12 leçons vous a le plus touché ?
    a. Pour vous-même ? _____

    b. Pour votre famille ? _____

    c. Pour votre Eglise? _____

    d. Pour votre pays? _____

2. Quelle est votre décision immédiatement après la classe ? _____

3. Quelles sont vos suggestions pour l'Ecole du Dimanche :
    a. _____

    b. _____

    c. _____

4. Questions purement personnelles :

    a. Quelle est ma contribution pour le développement de cette Eglise ? _____

    b. Quel effort ai-je fait jusqu'ici pour améliorer sa condition ? _____

    c. Si Jésus vient maintenant, serai-je fier de mes œuvres ? _____

## Glossaire

| | |
|---|---|
| Abonder | Exister en grande quantité |
| Abjurer | Renoncer solennellement à une religion, à une opinion |
| Acronyme | Raccourci, abréviation, signe |
| Apprêter | Préparer |
| Approvisionner | Ravitailler, nourrir |
| Asphyxier | Suffoquer, étouffer |
| Bigot | Dévot, fervent |
| Canonique | Conforme, légal, normatif |
| Capituler | Céder, abandonner |
| Clopinclopant | Péniblement, vaille que vaille |
| Combustible | Qui a la propriété de brûler |
| Commissionner | Charger |
| Conditionner | Déterminer qqn à agir ou à penser de telle ou telle façon |
| Convoiter | Désirer, vouloir |
| Créancier | Personne à qui l'on doit de l'argent |
| Déconcerter | Dérouter |
| Dérouter | Détourner, distraire |
| Désamorcer | Prévenir le développement dangereux de... |
| Déserter | Abandonner, laisser |
| Dilater | Grossir, augmenter, gonfler |
| Dogme | Doctrine, enseignement |
| Drague | Filet en forme de poche dont l'armature sert de racloir |
| Echanson | Officier chargé de servir à boire au roi |
| Emmagasiner | Déposer, accumuler |

| | |
|---|---|
| L'Emporter | Avoir la supériorité sur |
| Enjeu | Mise, participation |
| Enjoindre | ordonner |
| Ennemi juré | Ennemi irréconciliable |
| Entité | Ensemble d'être, ensemble exhaustif des propriétés qui le constituent. |
| Eventuel | Possible |
| Explorer | Parcourir, patrouiller |
| Extension | Action d'étendre |
| Extrinsèque | Qui vient du dehors |
| Figures bibliques | Personnages bibliques |
| Fléchir | Plier |
| Fustiger | Battre à coups de bâton |
| Guerre biologique | Utilisation des produits toxiques pour détruire les vies |
| Humour | Ironie |
| Illuminer | Eclairer |
| Implanter | Enraciner |
| Intrinsèque | Inhérent, essentiel |
| Itinéraire | Parcours |
| Légaliser | Officialiser, authentifier |
| Lèse-dieu | Blasphème contre le nom de Dieu |
| Lèse-majesté | Atteinte à la personne d'un prince ou à son autorité. |
| Litige | Dispute |
| Lucide | Conscient, éveillé |
| Métaphysique | Abstrait |
| Minutieux | Méticuleux, ordonné |
| Molester | Brutaliser, battre |
| Néotestamentaire | Du Nouveau Testament |

| | |
|---|---|
| Opportun | Propice, favorable |
| Orthodoxe | Traditionnel, classique |
| Outrance | Abus, excès, exagération |
| Parenthèse historique | Un fait raconté à côté du sujet qu'on traite |
| Pentecôte | Fête chrétienne célébrée le septième dimanche après Pâques. |
| Plateforme | Estrade, terrasse |
| Récidiver | Répéter |
| Reine sanglante | Reine criminelle |
| S'exécuter | Se résoudre à agir, à obéir. |
| Sans coup férir | Sans difficulté |
| Savane | Terrain marécageux |
| Solder | Réaliser, accomplir |
| Soupçon | Suspicion, incertitude |
| Tiers | Autre, étranger |
| Trophée | Monument de victoire |
| Verdict | Jugement, sentence |
| Vignoble | Champ de vignes |
| Vizir | Premier ministre du pharaon |
| Volupté | Plaisir sexuel |

## Table des matières

Série 1 - LE MYSTERE DE L'EGLISE ................................. 1

Leçon 1 - Prédiction d'une Eglise universelle................. 3

Leçon 2 - Le mystère de l'Eglise à travers Jésus-Christ... 6

Leçon 3 - Je bâtirai mon Eglise ....................................... 9

Leçon 4 - Je bâtirai mon Eglise (suite) ......................... 12

Leçon 5 - Je bâtirai mon Eglise (suite) ......................... 15

Leçon 6 - L'objection de Pierre, une ruse du malin...... 18

Leçon 7 - Stratégie de Dieu pour l'établissement de l'Eglise................................................................. 21

Leçon 8 - Les 3 grands champions de cette entreprise 24

Leçon 9 - La curiosité provoquée par le mystère de l'Eglise.................................................................... 27

Leçon 10 - Le sort de l'Eglise ......................................... 30

Leçon 11 - Dimanche des rameaux : Un ânon privilégié ................................................................................ 33

Leçon 12 - Dimanche de la Pentecôte ......................... 36

Récapitulation des versets........................................... 39

Série 2 - La raison du plus faible................................... 41

Avant-propos ............................................................... 42

Leçon 1 - Dieu au secours d'Ismaël ............................. 43

Leçon 2 - La veuve de Sarepta..................................... 46

Leçon 3 - Une veuve au temps du prophète Elisée ...... 49

Leçon 4 - Une armée entière arrêtée par un religieux . 52

Leçon 5 - Le roi Ezéchias face à Sanchérib .................. 55

Leçon 6 - Naboth et Achab ............................................ 59

Leçon 7 - Trois mille contre six-cents ......................... 62

Leçon 8 - Dieu en Elie égale la majorité ...................... 65

Leçon 9 - Néhémie face à l'opposition ....................... 68

Leçon 10 - Un rien lui suffit .......................................... 71

Leçon 11 - La fête des mères ....................................... 74

Leçon 12 - La fête des pères ........................................ 77

Récapitulation des versets .......................................... 80

Série 3 - Grandir Dans La Grace & Dans La Connaissance De Jésus-Christ ........................................................... 82

Avant-propos ............................................................... 83

Leçon 1 - Connaitre Christ et la puissance de sa résurrection ................................................................. 84

Leçon 2 - Participer dans la communion de ses souffrances .................................................................. 88

Leçon 3 - Etablir la parfaite connexion entre le ciel et la terre ............................................................................... 91

Leçon 4 - Vivre avec le caractère d'un roi ................... 94

Leçon 5 - Vivre avec le caractère d'un héros .............. 97

Leçon 6 - Savoir remettre au ciel toute sa responsabilité ............................................................. 100

Leçon 7 - Savoir sélectionner ses relations ............... 103

Leçon 8 - Savoir vivre de jeûne et de prière ............. 106

Leçon 9 - Savoir gérer les épreuves .......................... 109

Leçon 10 - Accepter de fléchir devant la volonté souveraine de Dieu .................................................... 112

Leçon 11 - Accepter de donner à Dieu ce qui nous coûte ................................................................ 115

Leçon 12 - Consentir à n'être rien .............................. 118

Récapitulation des versets ......................................... 121

Série 4 - L'eternel, Le Dieu Des Jeunes ...................... 123

Avant-propos ............................................................ 124

Leçon 1 - Dieu avec un jeune de dix-sept ans ............ 125

Leçon 2 - Dieu protège les moins de 20 ans. ............. 128

Leçon 3 - La patience de l'Eternel envers les moins de 20 ans ............................................................................ 131

Leçon 4 - Les sept tresses de Samson ........................ 134

Leçon 5 - Promotion d'un moins de vingt ans ........... 137

Leçon 6 - L'audace d'un jeune intrépide ................... 140

Leçon 7 - Jeune berger promu roi ............................. 143

Leçon 8 - Un enfant promu au rang de prophète ...... 146

Leçon 9 - Jean, le disciple que Jésus aimait ............... 149

Leçon 10 - Thanksgiving ............................................ 152

Leçon 11 - Pourquoi j'aime ma Bible ......................... 155

Leçon 12 - Comment fêter La Noël ............................ 158

Récapitulation des versets ......................................... 161

Feuille d'évaluation .................................................. 163

Glossaire .................................................................. 164

## Révérend Renaut Pierre-Louis

**Esquisse biographique**

| | |
|---|---|
| Pasteur de l'Eglise Baptiste à Saint Raphael. | 1969 |
| Diplômé du Séminaire Théologique Baptiste d'Haiti, | 1970 |
| Diplômé de l'Ecole de Commerce Julien Craan, | 1972 |
| Professeur de langues vivantes au Collège Pratique du Nord au Cap-Haitien | 1972 |
| Pasteur de la Première Eglise Baptiste au Cap-Haitien, | 1972 |
| Pasteur de l'Eglise Redford, Cité Sainte Philomène, | 1976 |
| Diplômé de l'Ecole de Droit du Cap-Haitien, | 1979 |
| Fondateur du Collège Redford et de l'Ecole Professionnelle ESVOTEC | 1980 |

Pasteur militant depuis 51 ans, avocat, poète, écrivain, dramaturge, ce serviteur du Seigneur vous revient aujourd'hui avec « **La Torche Brillante** », un ouvrage didactique, de haute portée théologique qui a déjà révolutionné le système d'enseignement dans nos Ecoles du Dimanche et dans la présentation du message de l'Evangile.

Encore une fois, pasteurs de recherche, prédicateurs de réveil, moniteurs de carrière, chrétiens éveillés, prenez « La Torche » et passez-la. 2 Tim.2 : 2

Pour toutes informations et pour vos commandes, adressez-vous à

Peniel Haitian Baptist Church
P.O. Box 100323
Fort Lauderdale, FL 33310
Phone : 954- 525-2413
Cell : 954- 242-8271
Website : www.theburningtorch.net
e-mail : renaut@theburningtorch.net
e-mail : renaut_cyrille@hotmail.com

Copyright © 2023 by Renaut Pierre-Louis

Tous droits réservés @ Rev. Renaut Pierre-Louis

Attention : Il est illégal de reproduire ce livre, en tout ou en partie, sous quelque forme ou par quelque procédé que ce soit, électronique, mécanique, photographique, sonore, magnétique ou autre, sans avoir obtenu au préalable, l'autorisation écrite de l'auteur.